Greta Hessel Phil. M.A.

Philo Sophia

und die Liebe zur Weisheit

Philosophische Lebens-
weisheiten für den Alltag

Bibliografische Information der Deutschen Nationalbibliothek:
Die Deutsche Nationalbibliothek verzeichnet diese Publikation in der Deutschen Nationalbibliotheken; detaillierte bibliografische Daten sind im Internet über dnb.dnb.de abrufbar.

Impressum:
© 2019 Text und Layout: Greta Hessel Phil. M. A., 76530 Baden-Baden, Lichtentaler Allee 86, Germany, Tel. 07221-3940363, greta.hessel@t-online.de, www.greta-hessel.de, www.philo-praxis.com

Zeicnungen: Peter Krueger, Köln / New York, www.krueger-artbridge.com,

Neuauflage aus: Greta Hessel (Autor), Judit Hildebrandt (Designer) Blumen der Weisheit. Philosophie für den Alltag, Oktober 2003, Urania-Verlag CH,

© 2019 Hessel Phil. M.A., Greta
Herstellung und Verlag:
BoD – Books on Demand,
Norderstedt
ISBN: 9783749481088

KANT+1

Inhaltsangabe

Das Orakel von Delphi: Erkenne dich selbst
Philosophia – Die Liebe zur Weisheit

Die Geburt der Philosophie

Die sieben Weisen: Pittakos und Solon
(7. und 6. Jahrh. V. Chr.)
• Alles mit Maß (Solon)
• Alles zur rechten Zeit (Pittakos)

Die Naturphilosophen: Thales (625-545 v. Chr.)
• Erkenne dich selbst (Thales)

Die Vorsokratiker: Heraklit (540-480 v. Chr.)
• Wir sollen nicht aufs Geradewohl über die wichtigsten Dinge urteilen (Heraklit
• Alles fließt (Heraklit)
• Dem Menschen Charakter ist sein Schicksal (Heraklit)

Die ersten Lebensregeln der Pythagoreer
(487-420 v.Chr.)
• Die Dinge sind, wie sie jedem erscheinen (Protagoras von Abdera)
• Die kürzesten Wörter, nämlich ja und nein, erfordern das meiste Nachdenken (Pythagoras)

Sokrates: (470-399 v.Chr.)
• Du musst nur lernen, dass das was du suchst, du selber bist (Sokrates)
• Ich weiß, dass ich nichts weiß (Sokrates)

Die Kyniker: Diogenes (469-399 v. Chr.)
• Wünsche sind nur Umwege zum Glück

Platon: (427-347 v. Chr.)
• Philosophie beginnt mit der Fähigkeit, sich zu wundern
(Platon)

Aristoteles: (384-322 v. Chr.)
• Jedes Ding hat sein Ziel

Die Lehre von der Glückseligkeit (Epikur 341-270 v. Chr.)
• Genieße dein Leben (Epikur)
• Lebe im Verborgenen (Epikur)

Horaz Qintus Horatius Flaccus (65 v. Chr. –8 n. Chr.)
• Carpe diem- Nutze den Augenblick

Seneca (4 v. Chr. –65 n. Chr.)
• Der Fehler liegt nicht in den Dingen, sondern in uns
selbst (Seneca)
• Nirgends ist, wer überall ist (Seneca)
• Während man es aufschiebt, geht das Leben vorüber
(Seneca)

- Die Philosophie lehrt handeln, nicht schwatzen (Seneca)
- Goldene Zügel machen ein Pferd nicht besser (Seneca)
- Dein Einstellungen musst du ändern, nicht deinen Aufenthaltsort (Seneca)
- Durchs Leben lernen wir (Seneca)
- Kein Besitz macht Freude, wenn der Freund fehlt (Seneca)

Hypathia: (ca. 5 n. Chr.)
- Ich bin verheiratet mit der Wahrheit (Hypathia)

Epiktet und die Leidenschaft für die Freiheit
(50 n. Chr.)
- Bedenke die Voraussetzungen und die Folgen (Epiktet)
- Beleidigungen treffen dich nicht (Epiktet)
- Die Dinge und die Meinungen darüber sind nicht dasselbe (Epiktet)
- Es geht mich nichts an (Epiktet)
- Hüte dich vor seelischem Schaden (Epiktet)
- Trotze dem Spott (Epiktet)
- Tu immer deine Pflicht (Epiktet)
- Überfordere dich nicht (Epiktet)
- Vermeide den Ärger und bewahre die Haltung (Epiktet)
- Zügle deine Ansprüche (Epiktet)
- Entscheide dich jetzt (Epiktet)

Marc Aurel (121-180 n. Chr.)
- Der ist im Irrtum, der lieber eine Wohltat empfängt, als erweist (Marc Aurel)
- Die Rede eines Menschen, entspricht seinem Leben (Marc Aurel)
- Ein Sklave bist du, wenn du zu denken nicht verstehst

(Marc Aurel)
• Die Fehler des Anderen muss man auf sich beruhen lassen
(Marc Aurel)

Neuzeitliche Philosophen:

David Hume (1711-1776)
• Sei kein Sklave deiner Leidenschaften (David Hume)

Des 55 Lebensweisheiten von Arthur Schopenhauer (1788-1866)
• Seine Phantasie in Zügeln halten (Schopenhauer)

Jean-Paul Sartre (1905-1980)
• Der Mensch ist verdammt zur Freiheit (Sartre)

Simone Weil (1909-1943)
• Die Liebe ist der Blick in die Seele

Peter Krüger: MUSE 469

Liebe Freundin der Weisheit,
Lieber Freund der Weisheit,

Philo-Sophie heißt „Liebe zur Weisheit" und ist für alle Menschen, die die Weisheit lieben und suchen gedacht.

Einführung:

Das Orakel von Delphi

Delphi ist die bedeutendeste Orakelstätte des östlichen Mittelmeerraumes. Bekannt wurde sie durch den Gott Apollon, der dort sein Heiligtum eingerichtet hatte. Allerdings musste er vor seiner Niederlassung den Drachen Photon töten. Deswegen wurde die Priesterin des Apollon „Pythia" genannt. Der erschlagene Drache wurde in eine Schlange verwandelt und hielt sich von da an immer in der Nähe der Gottheit auf.

Die Priesterin Pythia nahm ihren Platz über einer Felsspalte ein, aus der Gase aufstiegen, durch die sie in einen tranceartigen Zustand versetzt wurde. Pythia wurde zur Vermittlerin zwischen den Menschen und dem Gott Apollon. Die Menschen kamen mit ihren Fragen und Problemen des Alltags zu ihr und durch ihre Weissagungen erhielten sie praktische Lebenshilfe. Allerdings war es die Aufgabe der Priesterin, den Menschen bei ihren Deutungen und Auslegungen der Weissagungen zu helfen.

„Erkenne dich selbst",

so die Inschrift über dem Tempel; sie sollte dem um Rat Fragenden ermöglichen die Auflösung seines individuellen Problems durch die aktive Auseinandersetzung mit der eigenen Persönlichkeit zu gewährleisten, das heißt dass er zuerst mit sich selbst ins Reine kommen musste, um sich anschließend mit dem jeweiligen Problem auseinandersetzen zu können.

Die Frage nach der Selbsterkenntnis und die Frage, wie wir leben sollen hat schon immer die Philosophie beschäftigt, so sagt Robert Zimmer in seinem Buch: Philosophie – Von der Aufklärung bis heute:

„Was in den modernen stressgeplagten Leistungs- und Konsumgesellschaften immer mehr zum Thema wird, hat in der Philosophie eine lange Tradition. Für die antiken Philosophen war es selbstverständlich, Antwort auf die Frage zu geben, die heute Psychologen, Esoteriker, Seelsorger und Lifestyle-Experten beschäftigt: Was brauche ich im Leben wirklich, um glücklich zu werden? Philosophie stand, wie in den Meditationslehren des Orients, im Dienst der Weisheit. Der Weise war nicht der philosophisch Gebildete, sondern derjenige, der das natürliche Ziel menschlicher Existenz, das Glück, für sich verwirklicht hatte".

Sophia bedeutet den Geist weiblicher Weisheit, und das Symbol der Sophia ist die Taube der Aphrodite.

Philosophie im Sinne von Weisheit hat es eigentlich bis heute noch nicht gegeben. Philos heißt Freund und Sophie heißt Weisheit. Was jedoch die abendländische Philosophie bis heute entwickelt hat, ist eine „vernunftbetonte, wissenschaftliche Philosophie", die eigentlich so recht keiner mehr versteht. Ist es da ein Wunder, wenn der Mensch bei dem Wort „Philosophie" sagt, nein danke, das verstehe ich nicht.

Warum ist das so passiert?
Der Weg der Vernunft und der Weg der Weisheit sind beides Erkenntniswege, die bis ins 4. Jahrhundert miteinander konkurrierten.
„Wissenschaftlich Philosophierende unterwarfen sich auf ihren Denkwegen dem beschränkten Logos. Logos meint ein Suchen nach Wahrheit lediglich mit Begriffen, die nach einer bestimmten Logik geordnet werden. Es ist ein geregeltes und reglementiertes Denken, das auch den Namen Vernunft erhalten hat. Vernunftdenken ist eine Art ‚Mathematik mit Wörtern.
Logos bedeutet auch ‚Wort', deshalb sind Philosophen Freunde des Wortes, des Logos und nicht der Weisheit. Seit 2500 Jahren gibt es einen untergründigen Kampf von Logos gegen Sophia. Es geht um unterschiedliche Erkenntnisweisen, Wissen über sich zu erwerben und die Welt zu verstehen."

Der Weg der Weisheit aber ist weiblich und wird dem reinen Geist gegenübergestellt, so wie es die Philosophen tun, seit Sokrates.

Die eigentliche Suche nach Sophia führt in den mythologischen Bereich, und gerade von diesem wollten die ersten Philosophen sich befreien, in dem sie anfingen die Natur zu erklären.

Es gab auch viele Philosophinnen, Mathematikerinnen und Naturwissenschaftlerinnen, aber leider wurde die Geschichte immer wieder von Männern

**geschrieben, und das Wissen der Frauen wurde ver-
brämt und verbrannt.**

So gab es beispielsweise die Pythagoräerinnen, die Epi-
kuräerinnen und es heißt, dass die Lehrerin von Sokrates
eine Frau war.

So spricht Parmenides:

„Es ist die Göttin in mir, die spricht!"

Das Lehrgedicht des Parmenides schildert zunächst seine Auffahrt ins Klichtreich, an dessen Tor ihn „die Göttin"
empfing. Sie warnte ihn eindringlich vor dem „falschen
Weg des Suchens" auf dem der „unentschiedene Haufe"
umherirre, und wies ihm einen Weg jenseits des sinnli-
chen Scheins.

**Das Wissen der Frauen wurde den Männern, den
Philosophen, untergejubelt, und damit verschwan-
den die Frauen aus der Geschichte. Heute nun fangen Wissenschaftlerinnen an, die Geschichte neu zu
schreiben: mit Frauen.**

MUSE = SCHUTZGÖTTIN DER KÜNSTE

Die Muse / Sophia / Göttin ist personifizierte Energie,
die Quelle der Inspiration für den kreativen Prozess
des Künstlers, gut oder schlecht, chaotisch oder fried-
lich. „Der Begriff geht auf die Musen in der griechischen Mythologie zurück. In der antiken Mythologie
sind die Musen Quellnymphen – neun Schwestern,
die vom griechischen Vatergott Zeus mit der Quell-
göttin Mnemosyne (Göttin der Erinnerung) gezeugt
wurden". (wikipedia)

SOPHIA = MUSE= GÖTTIN

MUSE

Die Geburt der Philosophie:

Die sieben Weisen: Pittakos und Solon
(7. und 6. Jahrh. V. Chr.)
• Alles mit Maß (Solon)
• Alles zur rechten Zeit (Pittakos)

Wie alles anfing!
In der Mythologie blieben Kult und Ritus miteinander verbunden. Die Menschen versuchten auf dichterische und religiöse Art ihre Weltordnung darzustellen. Die Götter bestimmten das Sein. Es geschah alles nach ihren Wünschen. Das menschliche Schicksal unterlag der Macht der Götter. Diese konnten jedoch durch Gebete und Rituale beeinflusst werden. Die Menschen fürchteten die Strafen der Götter, als da waren Erdbeben, Umweltkatastrophen, sowie Blitz und Donner.
Als Thales nun anfing, die Sonnenfinsternis zu erklären und Erdbeben als normale Erderschütterungen zu entlarvten, verbannte er damit die Macht der Götter. Er entmythologisierte die natürlichen Phänomene. Er behauptete: Alles entsteht aus dem Wasser.
Von Thales stammt angeblich der berühmte Spruch aus dem Orakel von Delphi:
Erkenne dich selbst.

Die Naturphilosophen:

Die Naturphilosophen: Thales (625-545 v. Chr.)
• Erkenne dich selbst (Thales)

 Auch die folgenden Naturphilosophen bemühten sich, die Welt aus Wasser, Erde und Luft zu erklären. Jedoch viele Erklärungen blieben damals rein spekulativ. Und ein regelrechter Streit entstand und damit aber auch die „vorsokratische Philosophie" und zwar im 6. Jahr. vor Christus, im sogenannten Ionien, der heutigen asiatischen Türkei. Die Naturphilosophen, die versuchten und gewillt waren, die Natur zu erklären fingen an, die Dinge aufzuschreiben, und es fand ein regelrechtes wissenschaftliches Diskutieren statt.

Die Vorsokratiker:

Heraklit (540-480 v. Chr.)
• Wir sollen nicht aufs Geradewohl über die wichtigsten Dinge urteilen (Heraklit
• Alles fließt (Heraklit)
• Des Menschen Charakter ist sein Schicksal (Heraklit)

Die ersten Lebensregeln der Pythagoreer
(487-420 v.Chr.)
• Die Dinge sind, wie sie jedem erscheinen (Protagoras von Abdera)
• Die kürzesten Wörter, nämlich ja und nein, erfordern das meiste Nachdenken (Pythagoras)

Es war aber erst Pythagoras der eine erste Ethik mit praktischen Lebensregeln entwarf. Er behauptete, die Seele sei unsterblich und würde immer wieder in einen anderen menschlichen, tierischen oder sogar pflanzlichen Körper neu geboren werden.
„Es wird weiter überliefert, dass Pythagoras die Lehre dadurch bewies, indem er sich und andere an frühe Inkarnationen der eigenen Seele erinnerte. Mit diesem Glauben ist eine Ethik, sind – mitunter seltsame Vorschriften zur

Lebensführung verbunden. Nicht zu Unrecht ist er von bedeutenden Forschern deshalb mit einem Schamanen verglichen worden. Weil die menschliche Seele in andere Lebewesen übergehen kann, müssen diesen gegenüber gewisse Normen beachtet werden. Das Töten und Essen von Arten jener Lebewesen, die eine menschliche Seele beherbergen können, ist Mord und Kannibalismus. Berühmt ist z.b. das Verbot, Bohnen zu essen".

... sich der Bohnen zu enthalten, weil sie dem Weltganzen ähnlich seien (die Bohne hat zwei zusammenhängende Hälften, die auseinandergehen, wenn sie keimt).

Die ersten Lebensregeln des Pythagoras:

1. Wenn du zum Heiligtum gehst, um deine Andacht zu verrichten, darfst du nebenbei nichts Alltägliches sagen oder tun.

2. Unterwegs sollst du keinen Abstecher zu einem Heiligtum machen und vor allem dort keine Andacht verrichten, selbst dann nicht, wenn du ganz nahe an seinen Türen vorbeikommst.

3. Opfere und verrichte deine Andacht ohne Schuhe.

4. Vermeide die Heeresstraßen und gehe über die Pfade.

5. Enthalte dich des Schwarzschwanzes; denn er ist Besitz der Götter der Unterwelt.

6. Beherrsche vor allem die Zunge, wenn du den Göttern folgst.

7. Wenn die Winde wehen, solltest du das Rauschen verehren.

8. Rühr das Feuer nicht mit dem Messer auf.

9. Halte jede Säure von dir fern.

10. Wenn einer sich eine Last auflegt, hilf ihm, sie aufzunehmen; hilf ihm aber nicht, sie abzunehmen, wenn er sie ablegt.

11. Fang beim Schuhanziehen mit dem rechten Fuß an, beim Fußwaschen mit dem linken.

12. Rede nicht ohne Licht von Pythagoreern.

13. Geh nicht über ein Joch hinweg.

14. Wenn du auf Reisen dein Haus verlässt, so wende dich nicht um; denn die Erynnen setzen dir nach.

15. Pisse nicht der Sonne zugewendet.

16. Räume den Kot nicht mit der Fackel fort.

17. Du sollst den Hahn züchten und nicht opfern, denn

18. er ist dem Men, und d.h. der Sonne heilig.

19. Setz dich nicht bei dem Scheffel nieder.

20. Züchte nichts, das krumme Nägel hat.

21. Spalte nicht auf der Straße.

22. Nimm keine Schwalbe auf in dein Haus.

23. Trage keinen Ring.

24. Vermeide, dass das Bild eines Gottes in deinen Ring geschnitten wird.

25. Schau nicht in den Spiegel beim Schein einer Lampe. Verweigere nicht dem Glauben an irgendetwas Wunderbares, was die Götter oder die Auffassungen über das Göttliche betrifft.

26. Lass dich nicht von unbezwingbarem Lachen übermannen.

27. Schneide dir beim Opfer nicht die Nägel.

28. Gib nicht jedem leicht die Rechte.

29. Leg, wenn du aufstehst, die Bettücher zusammen und verwische den Abdruck.

30. Beiß nicht ins Herz.

31. Iß nicht das Gehirn.

32. Spei auf deine abgeschnittenen Haare und Nägel.

33. Nimm keinen Rotfisch hinzu.

34. Verwische die Spur des Topfes in der Asche.

35. Geh, um Kinder zu zeugen, nicht zu einer Frau, die

Gold trägt.
36. (Bedeutung unsicher)
37. Enthalte dich der Bohnen.
38. Pflanze die Malve, aber iss sie nicht.
39. Enthalte dich der beseelten Lebewesen.
40. Verhaltensregeln:

Pythagoras Verhaltensregeln:

Was man tun und was man nicht tun sollte:
Man soll Kinder zeugen, denn man soll an eigener Stelle
andere Verehrer des Gottes hinterlassen.
Man soll die Gattin nicht verfolgen, denn sie ist eine
Schutzflehende; deshalb führen wir sie vom Herd und
empfangen sie durch Handschlag mit der Rechten.
Man soll keinen Rat geben, der jedem, den man berät,
nicht zum Besten dient; denn das Beraten ist etwas den
Göttern Heiliges.
Mühen sind Gutes, Lüste immer Schlechtes; da wir zur
Strafe in die Welt gekommen sind, sollen wir auch Strafen erleiden
müssen. (Hinweis auf die Seelenwanderung)
Es ist gut, standzuhalten und zu sterben mit Wunden in
der Brust; das Gegenteil ist schlecht.
Die Weisen, mein lieber Kallikles, sagen, dass Himmel
und Erde und Götter und Menschen durch Gemeinsamkeit und Freundschaft und Ordnung und Besonnenheit
und Gerechtigkeit zusammengehalten werden, und
eben deshalb nennen sie dieses Ganze ja Kosmos. (D.h.
Ordnung, geordnetes Weltganzes), nicht Unordnung
oder Zuchtlosigkeit.

Pythagoras also entwarf eine erste Ethik und erstellte Regeln, damit Menschen in der Gesellschaft miteinander leben konnten. Sicherlich passen viele Regeln nicht mehr in unsere heutige Zeit.

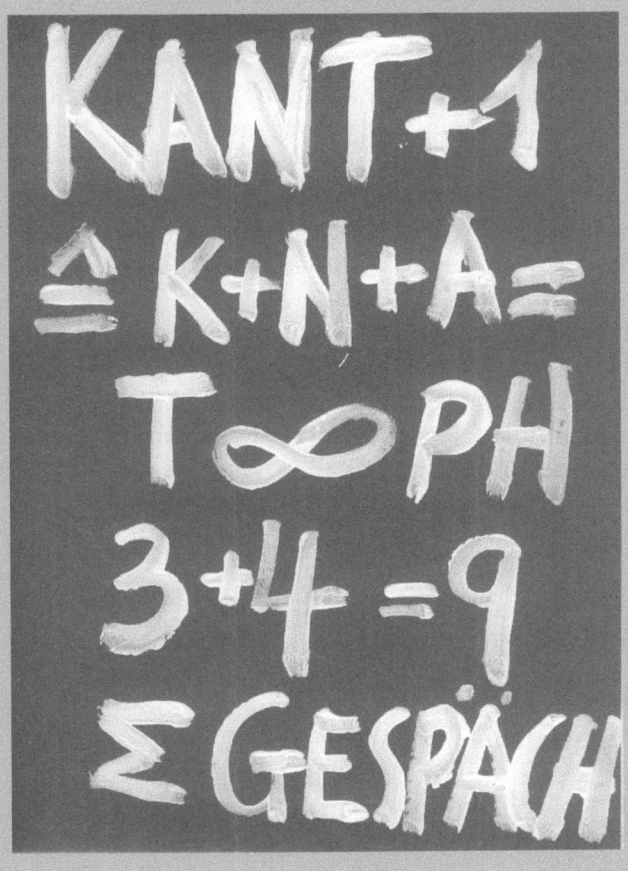

Der sokratische Dialog

Sokrates: (470-399 v.Chr.)
• Du musst nur lernen, dass das was du suchst, du selber bist (Sokrates)
• Ich weiß, dass ich nichts weiß (Sokrates)

Der sokratische Dialog ist eigentlich gegenwärtig in vielen philosophischen Praxen die gängige Methode, um den Menschen eine neue Perspektive zu verschaffen.
Sie ist eine Gesprächsführung mit dem Ziel, das Unbewusste des Menschen ins Bewusstsein zu bringen. Die Technik wird auch als Hebammenmethode bezeichnet, weil sie etwas gebärt, was der Mensch bereits weiß. Daher die Aussage:
Ich weiß, dass ich nichts weiß.
Der Philosoph ist nur der Fragende, der das Unbewusste des Menschen an den Tag gebärt. Was wiederum in die Richtung der Selbsterkenntnis, Selbstentfaltung und Selbstverwirklichung abzielt.
Sokrates: Wie vieles gibt es doch, was ich nicht habe.

Die Kyniker:

Die Kyniker: Diogenes (469-399 v. Chr.)
• Wünsche sind nur Umwege zum Glück

Die Kyniker forderten die Aufhebung aller Schranken des Eigentums, der Stände, der Nationalitäten im kosmopolitischen Sinn. Diogenes ist in der Geschichte vor allem als Verächter eingegangen. Bekannt ist der be-

Peter Krüger: MUSE 675

rühmte Spruch:

„Geh mir aus der Sonne", sprach Diogenes aus der Tonne, als Alexander vor ihn hintrat.

Bekannt wurden die Kyniker durch ihre spartanische Lebensweise, die auch als hellenische Lebensweise (agoge) bekannt geworden ist.

Die griechische Kultur und Zivilisation mit ihren spirituellen wie materiellen Formen: die Literatur, die philosophische Rede, auch Leibesübungen, das gesamte gesellschaftliche Leben waren ausgerichtet auf eine philosophische Askese, ein hartes Leben, ein sogenanntes Bettlerdasein, daher der Name Kyon (griech. der Hund).

Diogenes forderte die Aufhebung der Ehe, befürwortete in Übersteigerung der sokratischen Selbstgenügsamkeit äußerste Bedürfnislosigkeit, verachtete alle Konventionen und bezeichnete sich als Weltbürger. Sein Leitsatz: „Demjenigen, der nichts besitzt, kann auch nichts genommen werden. Daher kann nur ein solcher auch glücklich werden".

Die platonische Liebe

Platon: (427-347 v. Chr.)

Platons Philosophie beginnt mit der Fähigkeit, sich zu wundern.

Platons Erkenntnislehre und philosophische Richtung setzten sich im 3. Jahr. durch. Das Auslegen und Kommentieren seiner Texte hat einen interpretatorischen Erkenntnisgewinn. Seine Lehren galt es zu eruieren, um auf diese Weise nicht nur eigene Lebensanschauungen zu gewinnen, sondern auch zugleich die Maßstäbe für die eigene Lebensführung zu erhalten. Bekannt geworden ist Platon durch seine Ideenlehre.

Auch er bezog sich auf die Selbsterkenntnis und versuchte durch das Höhlengleichnis klar zu machen, das selbst das, was wir mit den eigenen Augen sehen, nicht der Wahrheit entsprechen muss. Was wir sehen, beruht auf Gewohnheiten, deren Grundvoraussetzungen nur in seltenen Fällen durch extreme, neue Erfahrungen erschüttert und verändert werden können.

Aristoteles (384-322 v. Ch.)

Jedes Ding hat sein Ziel (Telos)
Aristoteles der Universallehrer und Vater der Wissenschaften:

„Vom kleinsten Staubkorn bis zum Sternenhimmel trägt jedes Ding in sich eine Art programmierten Computerchip, der seine Entwicklung auf ein bestimmtes Ziel hin lenkt. In einem Samen ist die Entwicklung auf eine bestimmte Pflanzenform angelegt."
„Das Glück gehört denen, die sich selbst genügen."
Aristoteles sagte, dass alle ausgezeichneten und überlegenen Menschen melancholisch seien. Das sei zurückzuführen auf die unterschiedliche Empfänglichkeit für angenehme und unangenehme Eindrücke (der eine lacht, der andere grämt sich, der Krug ist halbvoll oder halbleer, der eine Pessimist der andere ein Optimist).
Weiterhin bemerkte er, wir sollten unser Augenmerk nicht auf die Genüsse und Annehmlichkeiten des Lebens richten, sondern darauf, dass wir den zahllosen Übeln desselben, soweit es möglich ist, entgehen.

Die drei Kategorien von Aristoteles:
1. Was einer ist: die Persönlichkeit, also Gesundheit, Kraft, Schönheit, Temperament, moralischer Charakter, Intelligenz und Ausbildung.

2. Was einer hat: Eigentum und Besitz und
3. Was einer vorstellt (was er in der Vorstellung anderer ist) Gesellschaftliche Anerkennung, Ehre und Ruhm.

Aristoteles sagt:„Hierauf beruht es, dass wir ein ganz und gar von außen auf uns gekommenes Unglück mit mehr Fassung ertragen als ein Selbstverschuldetes: denn das Schicksal kann sich ändern; aber die eigene Beschaffenheit nimmer. Demnach also sind die subjektiven Güter, wie ein edler Charakter, ein fähiger Kopf, ein glückliches Temperament, ein heiterer Sinn und ein wohlbeschaffener, völlig gesunder Leib, also überhaupt mens sana in corpore sano, zu unserem Glücke die ersten und wichtigsten; weshalb wir auf die Beförderung und Erhaltung derselben vielmehr bedacht sein sollten als auf den Besitz äußerer Güter und äußerer Ehre. Was nun aber, von jenen allen, uns am unmittelbarsten beglückt, ist die Heiterkeit des Sinnes: denn diese gute Eigenschaft belohnt sich augenblicklich selbst.

Was hat sie seit 2500 Jahren geändert?
 Warum soll es besser sein, ein sittlich moralisches Leben zu führen als ein unmoralisches? Sollte man doch davon ausgehen, dass wir im Jahre 2003 vernünftig geworden sind, wenn man aber die Weltsituation anschaut, dann ist das alles andere als vernünftig. Sind wir also am Ende der Vernunft angekommen?
Brauchen wir eine neue Ethik, eine Ethik des Friedens?
Was heißt denn Ethik überhaupt?
Die Ethik untersucht, das was im Leben und in der Welt wertvoll ist, weil das ethische Verhalten in der Verwirklichung ethischer Werte besteht. Diese Werte befinden sich in der Situation, als auch in der Person. Die Ethik

dient also der Erweckung des Wertbewusstseins.

Der ethische Mensch ist der Wertsichtige, der Weise.

Was aber hat unsere heutige Weltsituation mit Weisheit zu Tun?

Welche Werte hat der Einzelne?

Was aber ist Wert?

Ein Wert ist ein übergeordnetes Anerkanntes.

Was dem einen von hohem Wert ist, hat bei dem anderen keinen Wert. So ist das Wertebewusstsein bei jedem Menschen unterschiedlich. Wir unterscheiden einen positiven und negativen, ein relativen und absoluten, einen subjektiven und objektiven Wert.

Es gibt logische, ästhetische und ethische Werte: Das Angenehme, Nützliche und Brauchbare, das Wahre, das Gute und das Schöne.

Ethische Werte werden durch die Erziehung erschlossen und ordnen sich zu einer Wertepyramide, deren Basis ist: Wille zum Leben, Nahrungstrieb, Geschlechtstrieb usw. bis zur Spitze, dem höchstdenkbarem Wert.

Der Mensch strebt danach, seine ethischen Werte zu verwirklichen. Es kommen neue Werte hinzu, alte Werte werden abgelegt. Jeder Mensch hat eine eigene Wertepyramide.

Es gibt auch die Wertepyramide einer Gemeinschaft, eines Volkes, deren Verwirklichung von jedermann gefordert und vorausgesetzt wird. Diese vereinigten Werte machen die guten Sitten aus oder die geltende Moral.

Was ist Moral?

Bei der Moral handelt es sich um die guten Sitten und

das Zusammenleben der Menschen und deren Verwirklichung: Nahrungs-, Geschlechtstrieb, Sicherheitsverlangen, Geltungs - und Besitzstreben zu Gunsten der Sozialwerte, als da sind: Annerkennung der Rechte der fremden Persönlichkeit, Gerechtigkeit, Selbstbeherrschung, Wahrhaftigkeit usw. Die hierfür bestehende goldene Regel heißt:

Alles nun, was ihr wollt, dass euch die Leute tun sollten, das tut ihr ihnen auch.

(Der kategorische Imperativ von Kant)

Außer den Sozialwerten gibt es auch noch wertvolle Verhaltensweisen: wie Nächstenliebe, Verehrung der Ahnen und die Vollziehung religiöser Kulthandlungen.

Die Ethik setzt voraus, dass der Mensch die Möglichkeit des

Wählens hat, dass er Freiheit besitzt, damit er für sein Tun und Handeln verantwortlich gemacht werden kann.

Die Verwirklichung eines höchsten Wertes ist das Gute, die eines tieferen Wertes ist das Böse.

Es gibt:

1. die Grundwerte, den Wert des Lebens, des Bewusstseins, der Tätigkeit, des Leidens, der Kraft, der Willensfreiheit, der Voraussicht, der Fähigkeit, Zwecke zu setzen,

2. die Tugenden: Gerechtigkeit, Weisheit, Tapferkeit, Selbstbeherrschung, Nächstenliebe, Wahrhaftigkeit und Aufrichtigkeit, Zuverlässigkeit und Treue, Vertrauen und Glaube, Bescheidenheit und Demut, Werte des Umgangs mit anderen,

3. die speziellen ethischen Werte: Verschenken geisti-

gen Besitzes, die Persönlichkeitswerte, die auf den idealen Wert der fremden Persönlichkeit gerichtete Liebe.

Es gibt eine fremdgesetzliche Ethik: Gott bestimmt die Gesetze; oder
eine eigengesetzliche Ethik: der Mensch gibt sich das Sittengesetz selbst. Je nach Zweck des Wollens und Handelns ist die Ethik: Eudämonismus (die Lehre von der Glückseligkeit), den Hedonismus, Utilitarismus (Nützlichkeitsstandpunkt) oder Perfektionismus.
In der europäischen Philosophie der Gegenwart sind drei Grundtypen ethischer Systeme vorherrschend:
1. die Werteethik
2. der soziale Eudämonismus
3. die christliche Ethik

Was bedeutet Eudämonismus?

Das Wort kommt aus dem griechischen und heißt GLÜCKSELIGKEIT. Eudämonismus ist eine die Glückseligkeit als Motiv und Ziel alles Strebens betrachtende Ethik, dem besonders die Griechen huldigten. Als glücklich und tugendhaft zugleich gilt ihnen der Mensch, dessen geistige und körperlichen Kräfte sich ungehindert entfalten können, der durch die allseitige Übung dieser Kräfte sich und andere erfreut, so dass ihm Ansehen bei den Mitlebenden und rühmliches Andenken bei den Nachkommen gesichert sind. Einen Eudämonismus vertreten: Sokrates, Epikur, Spinoza, Feuerbach usw.
In der Gegenwart weit verbreitet ist der soziale Eudämonismus, der das größtmögliche Glück der größtmöglichen Zahl (Bentheim) erstrebt. Alle Tugenden des Einzelnen sind nur sinnvoll, soweit sie diesem Streben dienen.

Auch der Staat, alle seine Einrichtungen, Maßnahmen und Gesetze sind Mittel dieses oberen Zweckes. Der Eudämonismus wird zum sozialen Utilitarimus (Nützlichkeitsstandpunkt) diejenige Richtung,
die den Zweck des menschlichen Handelns in dem Nutzen, der Wohlfahrt, sei es des Einzelnen, sei es der Gesamtheit erkennt. Indem wir das Wohl der Gemeinschaft fördern, fördern wir auch uns!

Die Frage der Ethik oder auch die Frage: wie kann ich lebenspraktisch und konkret mein Leben entfalten, war das Thema der Philosophenschulen der Spätantike und des Hellenismus, unter ihnen die Epikureer, Kyniker, Stoiker und Skeptiker.

Beispielweise:

„Sei mäßig im Umgang mit materiellen Gütern, pflege wichtige soziale Beziehungen und hüte dich vor Dingen, die ohnehin nicht zu ändern sind! Mach dich von nichts abhängig und bleibe immer Herr über deine eigenen Lebensentscheidungen!"
Das Glück liegt nicht im Rausch, oder in materiellen Dingen, sondern in der Seelenruhe, einer inneren Gelassenheit und Zufriedenheit

(Epikur (341 v.Chr.)

Peter Krüger: MUSE 501

Die Lehre von der Glückseligkeit

(Epikur 341-270 v. Chr.)
• Genieße dein Leben (Epikur)
• Lebe im Verborgenen (Epikur)

"Unter Philosophie versteht Epikur den Versuch, tiefverwurzelte Verwirrungen und Ängste theoretisch und praktisch zu überwinden und den Menschen einen Weg zum Lebensziel, der „Unerschütterlichkeit", zu weisen. Alles philosophische Sprechen richtet sich auf Diagnose und Therapie seelischer Leiden:

‚Leer ist jedes Philosophen Rede, durch die kein Affekt des Menschen geheilt wird. Denn wie die Heilkunde unnütz ist, wenn sie nicht die Krankheiten aus dem Körper vertreibt, so nützt auch die Philosophie nichts, wenn sie nicht die Erregung der Seele vertreibt.'

Das Leben der Urmenschen war von zahlreichen Entbehrungen, von wirklichen und eingebildeten Gefahren bestimmt. Hunger, Durst und Kälte vermochten sie notfalls noch allein zu bewältigen, gegen die Angst voreinander und vor wilden Tieren gab es aber nur ein Mittel: den Zusammenschluss. Die ursprünglichen Trieb- und Notgemeinschaften ließen sich zu höheren Formen des Zusammenlebens – Ehe, Freundschaft, staatliche Gemeinschaft – weiterentwickeln, die über die bloße Existenzsicherung hinaus die Befriedigung kultivierter Bedürfnisse gewährten."
Jedoch waren die Ängste vor den unerklärlichen Naturphänomen keinesfalls gebannt, aber

Epikurs „Vierfach-Medizin", hieß:
„Keinen Schrecken erregt der Gott, keinen Argwohn der Tod, und das Gute ist leicht zu verschaffen, das Bedrohliche aber leicht zu ertragen".

Epikur versuchte den Menschen die Angst vor den Göttern, den Naturkräften zu nehmen, indem er anfing, ebenso wie die Naturphilosophen, die Natur und ihre Gesetzmäßigkeiten zu erklären. Seine philosophischen Weisheiten zielten darauf ab, Fehldeutungen elementarer Ängste und Triebansprüche aufzuklären und sie als sinnlos zu erweisen. Wie kann der Mensch seelisches Leid vermeiden und sich das höchstmögliche Glück verschaffen, waren die Fragen der epikureischen Philosophie.

„Der Seelenführer hatte seinen Zögling zu betreuen, dessen Gewissen in seinen Regungen zu beobachten und den entscheidenden Durchbruch, die Zerknirschung über die eigenen Schwächen, vorsichtig herbeizuführen.
,Der Ursprung des Heils ist die Selbstverurteilung.'
Die Seelenbeichte öffnete den Zögling innerlich für die heilende Aussprache mit seinem Mentor, die ,Wiederaufrichtung'.
Grundbedürfnisse des Menschen, sind: nicht hungern, nicht dürsten, nicht frieren und Bedrohungen auf Dauer zu überwinden. Daraus schließt, den anderen weder zu schädigen noch sich schädigen zu lassen.

Epikur teilt die menschlichen Bedürfnisse in drei Klassen:
1. „Die natürlichen und notwendigen: die, wenn sie nicht befriedigt werden, Schmerz verursachen.
2. Die natürlichen, jedoch nicht notwendigen: Geschlechtsbefriedigung und Bedürfnisbefriedung.

3. Die weder natürlichen, noch notwendigen: Luxus, Üppigkeit, Prunk und Glanz.
Welche Ansprüche stelle ich an mich selbst?

„Lachen soll man und zugleich philosophieren, seinen Haushalt führen, seine übrigen Fähigkeiten anwenden und niemals aufhören, die aus der richtigen Philosophie stammenden Lehrsätze zu verkünden".
Homer sagt dazu:" Die Quelle unserer Unzufriedenheit liegt in unseren stets erneuerten Versuchen, den Faktor der Ansprüche in die Höhe zu schieben, bei der Unbeweglichkeit des anderen Faktors, die es verhindert.

Experten der Lebenskunst :

Horaz Qintus Horatius Flaccus (65 v. Chr. –8 n. Chr.)
• Carpe diem- Nutze den Augenblick
Seneca (4 v. Chr. –65 n. Chr.)
• Der Fehler liegt nicht in den Dingen, sondern in uns selbst (Seneca)
• Nirgends ist, wer überall ist (Seneca)
• Während man es aufschiebt, geht das Leben vorüber (Seneca)
• Die Philosophie lehrt handeln, nicht schwatzen (Seneca)
• Goldene Zügel machen ein Pferd nicht besser (Seneca)
• Dein Einstellungen musst du ändern, nicht deinen Aufenthaltsort (Seneca)
• Durchs Leben lernen wir (Seneca)
• Kein Besitz macht Freude, wenn der Freund fehlt (Seneca)

Hypathia: (ca. 5 n. Chr.)
• Ich bin verheiratet mit der Wahrheit (Hypathia)

Epiktet und die Leidenschaft für die Freiheit
(50 n. Chr.)
• Bedenke die Voraussetzungen und die Folgen (Epiktet)
• Beleidigungen treffen dich nicht (Epiktet)
• Die Dinge und die Meinungen darüber sind nicht dasselbe (Epiktet)
• Es geht mich nichts an (Epiktet)
• Hüte dich vor seelischem Schaden (Epiktet)
• Trotze dem Spott (Epiktet)
• Tu immer deine Pflicht (Epiktet)
• Überfordere dich nicht (Epiktet)
• Vermeide den Ärger und bewahre die Haltung (Epiktet)
• Zügle deine Ansprüche (Epiktet)
• Entscheide dich jetzt (Epiktet)

Marc Aurel (121-180 n. Chr.)
• Der ist im Irrtum, der lieber eine Wohltat empfängt, als erweist (Marc Aurel)
• Die Rede eines Menschen, entspricht seinem Leben (Marc Aurel)
• Ein Sklave bist du, wenn du zu denken nicht verstehst (Marc Aurel)
• Die Fehler des Anderen muss man auf sich beruhen lassen (Marc Aurel)

Als regelrechte Experten in Sachen Lebenskunst entwickelten sich die römischen Philosophen. Sie spielten die Rolle als Ratgeber, Lehrer, Kritiker und Seelsorger. Sie besaßen ein hohes Ansehen und eben auch Bildung. Und wieder traten Philosophen als Vermittler von Weisheiten auf. Sie entwickelten sich zu Rhetorikern und Sophisten. Sie gestalteten ihre Auftritte und das Interesse an konkrete Lebenshilfe, Maßstäbe für rechtes Verhalten, lebensweltliche Orientierung und damit ein ganz lebenspraktisch orientiertes Wissen. Als Konkurrenten traten dann noch die christlichen Intellektuellen auf, die versuchten, das Christentum als die wahre Philosophie zu verkaufen. Legitime Wissensquelle war die Bibel. Aus ihr entnahmen sie Regeln für die Lebenspraxis.

Die Philosophen entwickelten eigene Schülerkreise, innerhalb deren Vorträge, Gespräche und Diskussionen (Texte wurden studiert, gedeutet und interpretiert) stattfanden. Der Philosoph wurde als Vorbild, als Idol gesetzt und seine vitae veranschaulichte über Jahre hinweg die Umsetzung lebensweltlicher Maximen.

Epiktet und die Leidenschaft für die Freiheit (50 n. Chr.)
• Bedenke die Voraussetzungen und die Folgen (Epiktet)
• Beleidigungen treffen dich nicht (Epiktet)
• Die Dinge und die Meinungen darüber sind nicht dasselbe (Epiktet)
• Es geht mich nichts an (Epiktet)
• Hüte dich vor seelischem Schaden (Epiktet)
• Trotze dem Spott (Epiktet)
• Tu immer deine Pflicht (Epiktet)
• Überfordere dich nicht (Epiktet)
• Vermeide den Ärger und bewahre die Haltung (Epiktet)
• Zügle deine Ansprüche (Epiktet)
• Entscheide dich jetzt (Epiktet)

Peter Krüger: MUSE 463

Epiktet und die Leidenschaft für die Freiheit

Der griechische Philosoph Epiktet, der als Stoiker lehrte, versuchte den Menschen praktische Lebenshilfe durch seine Philosophie anzubieten. Nach seiner Überzeugung ist das erste in der Philosophie, das Unterscheiden zu lernen, was in unserer Gewalt steht und was nicht. Epiktet sagt weiterhin:

9/10 unseres Glücks beruhen auf der Gesundheit. Diese ist die Hauptsache zum menschlichen Glück. Deswegen ist es eine Dummheit, seine Gesundheit aufzuopfern, für Beförderung, Ruhm usw.

Daher auch die Bezeichnung „mit stoischer Gelassenheit".

Der Weise aus der Stoa, auch orthodoxer Stoiker genannt wurde um das Jahr 50 n. Chr. in Hierapolis geboren. Er war Sklave und auch ein Krüppel, wurde aber später freigelassen, und deshalb war der Begriff Freiheit für ihn ein Schlüsselthema. Da er jedoch keine äußere Freiheit leben konnte, wendete er sich der inneren Freiheit zu. Nach seiner Freilassung begann Epiktet in Rom philosophischen Unterricht zu erteilen, allerdings musste er, wie alle Philosophen, auf Befehl des Kaisers Rom, bzw. Italien verlassen.

Epiktet selbst hat nichts geschrieben, sondern sein Schüler Flavius Arrianus.

Epiktet beschäftigte sich besonders mit geistiger Selbsterziehung und Selbstbeobachtung, sittlicher Vollkommenheit, sowie den menschlichen Tugenden: Reinheit, der Ehrfurcht vor der eigenen Menschenwürde als unantastbarem Heiligtum und der Zuverlässigkeit in der

Erfüllung der Pflichten gegenüber den Mitmenschen.
Diesen schulde man eine zahme, und für die Gemeinschaft bestimmte Lebensweise: Solidarität, Anteilnahme und Hilfe. Der Mensch trage neben der Eigenliebe auch die naturhafte Zuneigung zu den Mitmenschen in sich. Die Sympathie leite sich von dem gemeinsamen göttlichen Ursprung her und schließe niemanden aus, auch nicht den Sklaven.

„Brüder sind alle Menschen, weil sie alle von Gott abstammen und in gleicher Weise in ihrer Brust den göttlichen Funken tragen."

Ehe und Kinderzeugung gehören zu den Bürgerpflichten.
Die Ehe ist heilig zu halten und Geschlechtsverkehr vorher zu meiden. Der Ehebruch verstößt gegen das eigene sittliche Gefühl, sowie gegen die Gemeinschaftspflicht.
Jeder Mensch hat eine von Gott bestimmte Rolle in seinem Leben zu spielen.
Gott entscheidet über die Berufung, insbesondere, die des Philosophen.
Die Welt ist ein von göttlichem Geist erfüllter und geordneter Kosmos, in dem alle Teile in Sympathie miteinander verbunden sind, insbesondere die Menschenseele, insofern als dass sie das Wirken und Wesen des Gottes zu begreifen vermag. Der Mensch sei der Tempel Gottes.

„ Du trägst Gott überall mit dir, Unseliger, und weißt es nicht. Du glaubst, ich spreche von einem äußerlichen Gott aus Silber oder Gold? Du trägst ihn in dir und bemerkst nicht, dass du ihn durch deine unreinen Gedanken und schmutzigen Taten besudelst? Vor einem Bild

Gottes würdest du nicht wagen, etwas von dem zu tun, was du nun tust. Vor Gott selber aber, der in dir gegenwärtig ist und alles sieht und hört, schämst du dich nicht, solche Dinge zu denken und zu tun, o Mensch, der du deiner eigenen Natur nicht bewusst bist, du Gegenstand des göttlichen Zorns". (diss.2,8,11-14)

Gott hat die Welt aus Güte geschaffen, und die Aufgabe des Menschen ist es, zu erkennen, dass alles was geschieht, im Sinne des göttlichen Planes geschieht. Es handelt sich darum, der „Natur zu folgen". Es ist ein Gesetz in Übereinstimmung mit der Natur zu handeln. Wir sollen uns den Ereignissen willentlich anpassen oder ihnen entgegenkommen. Auch wenn etwas Leidvolles geschieht, sollen wir nicht die Fassung verlieren, ist uns doch alles nur auf Zeit ausgeliehen. Ist das Leid aber zu groß, so steht uns die Tür offen, und wir werden aus dem Leben scheiden. Nach dem Tod löst sich dann das Einzelwesen auf, damit ein anderes an seine Stelle treten kann. Die Seele des Menschen geht im All auf und kehrt heim zu Gott.

Das Leben auf Erden ist ein Geschenk Gottes, an dem wir kurze Zeit teilhaben dürfen, deshalb sollten wir ihn unablässig dafür preisen.

„Über das eine gebieten wir, über das andere nicht."
Jeder Mensch ist selbst verantwortlich, für seine guten und schlechten Taten, für sein Glück und sein Unglück: Wer die Dinge begehrt oder meidet, die nicht in seiner Macht stehen, und auf sie sein praktisches Handeln ausrichtet, erlebt notwendigerweise Fehlschläge, seelisches Leid und fühlt sich dauernd unglücklich. Wer hingegen

nur begehrt, was in seiner Macht liegt, gewinnt Freiheit, innere Ruhe, die feste Gesundheit der Seele und den guten Fluss des Lebens, mit einem Wort die Glückseligkeit. Wer sich so auf sein Inneres zurückzieht und vom Streben nach äußeren Dingen losmacht, entzieht sich jedem fremden Zwang".

„In den Unterredungen des Epiktet steht geschrieben, dass die Philosophie nicht in der dialektischen Gewandtheit oder der Schönheit der Sprache besteht, sondern in der Art und Weise, wie man sein alltägliches Leben lebe. Philosoph zu sein heißt nicht, eine theoretische, philosophische Ausbildung erfahren zu haben oder Philosophielehrer zu sein, sondern bedeutet, sich nach einer Umkehr, die eine radikale Veränderung des Lebens bewirkt, zu einer Lebensweise zu bekennen , die sich von der anderer Menschen unterscheidet.

Wenn wir uns heute die Lebensregeln und Lebensweisheiten der Philosophen wie Epiktet, Schopenhauer, Marc Aurel, Seneca und Platon anschauen, dann stellt sich die Frage, was von all der Weisheit, die in Worten niedergeschrieben wurde, für den Menschen im Alltag umsetzbar ist und wieweit die sogenannte Realität der Weltphilosophie, Liebe und Weisheit im sozialpolitischen Kontext überhaupt zulässt. Darum sind alle ethisch-moralischen Lebensregeln in Hinblick darauf, wie wir mit anderen umgehen sollten, z.b. der kategorische Imperativ, bis heute nicht zur Anwendung gekommen. Bis heute ist ungeklärt, obwohl es tausend philosophische Thesen und Theoreme gibt, wie wir mit uns selbst und dementsprechend mit anderen umgehen sollen.

Die praktischen Lebensregeln des Marc Aurel:

Wann immer du dich ärgerst, so nur deshalb, weil du vergessen hast:

1. dass sich alles gemäß der Allnatur ereignet,
2. dass die begangene Verfehlung dich nichts angeht, und außerdem
3. dass sich jedes Ereignis stets so ereignet hat, ereignen wird und nun überall ereignet,
4. wie eng die Verwandtschaft des einzelnen Menschen mit der ganzen Menschengattung ist, ist es doch keine Gemeinschaft des Blutes oder des Samens, sondern des Geistes, vergessen hast du aber auch:
5. dass der Geist eines jeden Gott ist, und von dort ihm zugeflossen ist,
6. dass es nichts gibt, was unser Eigentum ist, sondern dass sowohl das Kind als auch der Körper als auch selbst die Seele von dort oben gekommen sind,
7. dass alles Werturteil ist,
8. dass jeder nur in der Gegenwart lebt und nur diese verliert.
9. Der Mensch der Urheber seiner eigenen Beunruhigung ist.

Die drei Lebensregeln von Marc Aurel:

Die drei Tätigkeiten der Seele sind: Urteil, Begehren und Handlungstrieb.

Die drei Bereiche der Wirklichkeit sind: das individuelle Urteilsvermögen, das der Allnatur und das der menschlichen Vernunft.

Die innere Haltung: Objektivität, Zustimmung zum Schicksal, Gerechtigkeit und Altruismus.

Peter Krüger: MUSE 075

Wofür sollst du Sorge tragen?

• Ein gerechtes Denkvermögen und Handlungen im Dienste der Gemeinschaft.

• Eine Rede, die niemals zu trügen vermag.

• Eine innere Einstellung, die alles, was sich ereignet, als notwendig, vertraut, als einem Ursprung, einer Quelle entspringend, freudig empfängt.

Wahrheit – Gerechtigkeit – Ermäßigung

Das was jetzt zu tun ist, gerecht zu tun, und das zu lieben, was ihm jetzt zugeteilt wird.

Es gibt drei Bereiche, in denen sich derjenige, der Vollkommenheit erlangen will, üben muss:

1. den Bereich der Begierden und Abneigungen, damit sein Begehren nicht enttäuscht wird und er nicht in das hineingerät, was er zu vermeiden sucht;

2. den Bereich der positiven und negativen Strebungen, kurz, den Bereich der (von Natur) zukommenden Handlungen, damit er ordnungsgemäß, vernünftig und nicht nachlässig handelt;

3. der dritte Bereich ist derjenige, der sich auf die Vermeidung von Irrtümern und auf die Vorsicht im Urteilen bezieht, kurz der Bereich der Zustimmungen

Neuzeitliche Philosophen:

David Hume (1711-1776)
• Sei kein Sklave deiner Leidenschaften (David Hume)

Die 55 Lebensweisheiten von Arthur Schopenhauer (1788-1866)
• Seine Phantasie in Zügeln halten (Schopenhauer)

Jean-Paul Sartre (1905-1980)
• Der Mensch ist verdammt zur Freiheit (Sartre)

Simone Weil (1909-1943)
• Die Liebe ist der Blick in die Seele

Schopenhauer:

Seine Phantasie in Zügeln halten
Auch Schopenhauer stellt sich die Frage: Wie sollen wir leben?
Er sagt:
„Egal, ob jemand reich oder arm ist, intelligent oder dumm, es gibt eine Gemeinsamkeit, die wir alle nicht ändern können und das ist das Bewusstsein über den Tod."
Wir können in unserem Leben die Rolle eines Fürsten, oder eine Bettlers spielen, eines geistig durchdachten Menschen, oder eines einfachen Bauern.
Die eine Hälfte der Wirklichkeit liegt in der Hand des Schicksals, die andere in uns selbst. Ich kann meine Leben von außen beeinflussen lassen, ich kann aber auch teilweise mein Leben selbst bestimmen.

Die höchsten Genüsse sind die geistigen, deswegen ist unser Glück abhängig von dem was wir sind, von unserer Individualität.

Die meisten aber denken, wir sind abhängig von unserem Schicksal, oder dem was wir sind. Das Schicksal aber kann sich bessern, aber ein Dummkopf, bleibt ein Dummkopf.

Ein gesunder Bettler ist glücklicher, als ein kranker König.

Schopenhauers Lebensregel:

Was brauchen wir für unser Lebensglück?

1. Essen und Trinken entweder mäßig und gesund, oder unmäßig und lebensverkürzend und ein Dach über dem Kopf.

Hier haben wir zwei Möglichkeiten: entweder wir bleiben bescheiden und sind zufrieden mit den uns gegebenen Umständen, oder wir streben nach weiteren Besitztümern – das kann großen Schaden bringen.

2. Liebe und Annerkennung:

auch hier haben wir zwei Möglichkeiten: entweder wir sind zufrieden mit den uns anvertrauten Lieben, oder wir suchen noch etwas Besseres – das kann großen Schaden bringen.

3. geistige Nahrung:

Schopenhauer sagt: „Es ist weise, auf die Ausbildung seiner Fähigkeiten zu achten, so ist es für einen körperlich starken Muskelmenschen sicherlich nicht von Förderung, wenn dieser den ganzen Tag auf dem Schreibtischstuhl sitzt. Ebenso für einen körperlich, schwachen Menschen ist es nicht förderlich auf dem Bau zu arbeiten.

Reichtum ohne Geistesbildung bleibt unbefriedigt.

Reichtum bringt Sorgen über den Besitz.

Zum Glück trägt also bei, was man ist und nicht, was man hat!

Es ist töricht, sein Geld anzuhäufen, um es am Ende des Lebens anderen zu übergeben.

Weil der Mensch deswegen in sich leer bleibt, sucht er das Defizit in der Kurzweil und Unterhaltung, Vergnügungen und Ausschweifungen. Äußerlich und innerlich arm, versucht der Mensch durch den äußeren Reichtum seine innere Leere zu verdecken. Ähnlich wie die alten Männer sich durch hübsche junge Mädchen versuchen zu stärken, ihr Alter zu verdrängen.

Von dem, was einer ist:

Persönlichkeit und Individualität. Der Mensch genießt sich selbst. Es kommt nicht drauf an, was dem Menschen im Leben begegnet und widerfährt, sondern, was er empfindet, die Persönlichkeit und sein Wert ist das Unmittelbare zu seinem Glück und Wohlsein.

Heiterkeit ist die bare Münze des Glücks, aber wie erreiche ich die?

• Vermeidung aller Exzesse und Ausschweifungen.

• Vermeidung aller heftigen und unangenehmen Gemütsbewegungen.

• Mindestens zwei Stunden rasche Bewegung in freier Luft.

• Viel kaltes Baden und diätische Maßregeln.

Trotzdem kann jemand melancholisch oder trübsinnig sein.

Die größten Feinde des menschlichen Glücks sind:

Schmerz (Not und Entbehrung) und Langeweile (Sicherheit und Überfluss).

„Der geistreiche Mensch wird vor allem nach Schmerzlosigkeit, Ungehudeltsein, Ruhe und Muße streben, folglich ein stilles, bescheidenes, aber möglichst unangefochtenes Leben suchen und demgemäss, nach einiger Bekanntschaft mit den sogenannten Menschen, die Zurückgezogenheit und, bei großem Geiste, sogar die Einsamkeit wählen. Denn je mehr einer an sich selber hat, desto weniger bedarf er von außen und desto weniger auch können die übrigen ihm sein.

1. Die Genüsse der Reproduktionskraft sind: Essen, Trinken, Verdauen, Ruhen und Schlafen.
2. Die Genüsse der Irrlabilität: Wandern, Springen, Ringen, Tanzen, Fechten, Reiten und athletische Spiele jeder Art, sogar Jagd und Krieg.
3. Die Genüsse der Sensibilität: Beschauen, Denken, Empfinden, Dichten, Bilden, Musizieren, Lernen, Lesen, Meditieren, Erfinden, Philosophieren.
Unser praktisches, reales Leben nämlich ist, wenn nicht die Leidenschaften es bewegen, langweilig und fade; wenn sie aber es bewegen, wird es bald schmerzhaft.

Ein intellektuelles Leben schützt nicht nur gegen Langeweile, sondern auch gegen die Folgen.
Die freie Muße ist das höchste Gut.

Von dem, was einer hat:

„Zu dem, was einer hat, habe ich Frau und Kinder nicht gerechnet; da er von diesen vielmehr gehabt wird. Eher ließen sich Freunde dazu zählen: doch muss auch hier

Peter Krüger: MUSE 173

der Besitzende im gleichen Maße der Besitz des anderen sein".

Von dem, was einer vorstellt
Man soll nicht abhängig werden von Lob und Verletzung, Nichtachtung,
Abschätzung der Empfindlichkeit der Meinung anderer.
Man soll kein Sklave werden fremder Meinungen und Bedürfnisse.
Man soll die richtige Abschätzung finden, dafür, wer man ist (eigenes Bewusstsein) und was man in den Augen anderer ist! (Fremdes Bewusstsein)
Man soll Gleichgültigkeit entwickeln gegen fremdes Bewusstsein! Arm ist, wer sich auf fremdes Bewustein verlässt.

Verhalten mir selbst gegenüber:

Man soll versuchen, den Plan seines Lebens zu verstehen, zu wissen, was man will und was für sein Glück das Wesentlichste ist. Erkenntnis darüber bekommen, welches sein Beruf, seine Rolle und sein Verhältnis zur Welt sind.
Den richtigen Weg wählen (es gibt tausend Abwege), und die Aufmerksamkeit teils in die Zukunft, teils in die Gegenwart lenken.
Die Leichtsinnigen leben zu sehr in der Gegenwart, die Ängstlichen und Besorglichen in der Zukunft. Die Gegenwart allein ist real und gewiss, die Zukunft fällt fast immer anders aus. Man soll die verfehlten Hoffnungen, die Gegenwart nicht "verdrießlichen Gesichtern versauen", oder Verdruss über das Vergangene, und sich die reale Zeit so angenehm wie möglich machen.

Der heutige Tag kommt nur einmal und nimmer wieder!!
Jeder Tag ist ein „integrierender und daher unersetzlicher Teil des Lebens".
Alle Beschränkungen beglücken. Jede Beschränkung ist unserem Glücke förderlich. (Einfachheit; Begrenztheit-Weitblick)

7. Die intellektuelle Beschäftigung mit dem Geist ist besser als der ständige Wechsel des Gelingens und Misslingens, nebst seinen Erschütterungen und Plagen.
8. Stolz sein auf das, was man erreicht hat.
9. Sich selbst genügen. Cicero meint: Je mehr einer an sich selber hat, desto weniger können andere ihm sein.
In der Gesellschaft: was man denkt, nicht sofort dem anderen zu sagen, und was die anderen sagen, nicht so genau zu nehmen. Gleichgültigkeit und Toleranz entwickeln, das schützt vor Verletzungen.
Gesellschaft kann man mit einem Feuer vergleichen, an welchem der Kluge sich in gehöriger Entfernung wärmt aber nicht hineingreift, wie der Tor, der dann, nachdem er sich verbrannt hat, in die Kälte der Einsamkeit flieht und jammert, dass das Feuer brennt.

10. Neid ist natürlich, dennoch ein Laster und Unglück zugleich, ein Feind unseres Glückes, ein Dämon.
Seneca sagt: wir sollen öfter die betrachten, welche schlimmer dran sind als wir, als die, die besser dran sind als wir. Hass soll man wegen der gefährlichen Folgen vermeiden
11. Man bedenke ein Vorhaben außerordentlich.
12. Man soll das Unglück, welches einen ereilt hat, oder Schicksal ertragen. Fehler, die wir gemacht haben, akzeptieren und versuchen, in Zukunft zu vermeiden.

12. Man soll die Phantasie in Zügeln halten. Keine Luftschlösser bauen, keine Unglücksfälle ausmalen, keine schwarzen Phantasien entwickeln.

Jeder Tag ist ein kleines Leben, - jedes Erwachen und Aufstehen eine kleine Geburt, jeder frische Morgen eine kleine Jugend, und jedes Zubettgehen und Einschlafen ein kleiner Tod.

Nehmt die gute Stimmung wahr, denn sie kommt so selten.

Zügele deine Phantasie über erlittenes Unrecht: Schaden, Verlust, Beleidigungen und Kränkungen.

Proklos sagt: „in jedem auch erhabensten Menschen wohnt das ganz Niedrige und Gemeine, der menschlichen ja tierischen Natur". (Der Pöbel in uns) darf nicht aufgeregt werden, er kann zu einem Ungeheuer anschwellen.

14. Wir sollen das, was wir besitzen, so ansehen, als hätten wir es verloren.. Manchmal wird uns der Wert der Dinge erst bewusst, wenn wir sie verloren haben.

15. Alles zu seiner Zeit erledigen. Geistige Schubfächer entwickeln und entsprechend herausnehmen, nicht ablenken lassen.

16. Wir sollen unseren Wünschen ein Ziel stecken, unsere Begierden im Zaum halten und unseren Zorn bändigen. Für den Einzelnen ist nur ein kleiner Teil des Wünschenswerten erreichbar, jedoch kann uns jederzeit ein Übel treffen.

17. Unser Geist braucht fortwährend Beschäftigung mit etwas durch Tun oder Denken. Unser Dasein ist rastlos, Untätigkeit langweilt uns, die größte Befriedung besteht darin, etwas herzustellen, sei es einen Korb oder ein Buch! Aber dass man ein Werk unter seinen Händen täg-

lich wachsen und endlich seine Vollendung erreichen sehe, beglückt unmittelbar. Dies leistet ein Kunstwerk, eine Schrift, ja selbst eine bloße Handarbeit; freilich, je edlerer Art das Werk, desto höher der Genuss.

18. Man soll nicht Bilder der Phantasie nehmen, sondern deutlich gedachte Begriffe.

19. Man soll Herr werden über den Eindruck des Gegenwärtigen und Anschaulichen überhaupt.

20. Gesundheit: man härte sich ab durch Anstrengung, strenge die Muskeln an, hüte die Nerven vor zu grellem Licht, vor jeder Anstrengung in der Dämmerung. Die Ohren vor zu starken Geräuschen, das Gehirn vor gezwungener, zu anhaltender oder unzeitiger Anstrengung. Nach der Verdauung soll man ruhen.

Unser Verhalten gegen andere betreffend

21. Man soll einen großen Vorrat von Vorsicht und Nachsicht walten lassen. Vorsicht schützt vor Schaden und Verlust und Nachsicht vor Streit und Händel. Man muss Individualitäten akzeptieren. Jeder hat das Recht, so zu leben, wie er möchte. Man soll leben und leben lassen. Jeder kann dem anderen nur so viel sein, wie dieser ihm ist. Die großen Geister horsten wie die Adler in der Höhe- allein!

22. Was Menschen auseinander hält, ist die Verschiedenheit der gegenwärtigen. Eine Leistung von höchster Bildung wäre, eine gleichbleibende Temperatur einführen zu können. Man soll sich nicht so oft sehen.

23. Jeder sieht beim anderen nur so viel, als er selber auch ist, denn er kann ihn nur nach Maßgabe seiner eigenen Intelligenz erfassen. Ist diese von niedriger Art, so wird er auch nur das Niedrigste feststellen, sämtliche

Schwächen, Temperamente und Charakterfehler.

24. Manche versuchen, sich durch Klappern ihre Existenz bewusst zu machen.

25. Es ist schwer, jemanden hoch zu verehren und sehr zu lieben, deswegen müssen wir wählen, wollen wir jemand verehren oder lieben? Die Verehrung ist objektiv, die Liebe subjektiv.

26. Die meisten Menschen sind so subjektiv, dass sie für nichts Interesse haben, als für sich selbst.

27. Jede Sache muss erst mal gründlich durchleuchtet werden.

28. Man darf keinem zu nachgiebig und liebreich sein. Zeige nie einem Menschen, dass du ihn benötigst, daraus folgt: Übermut und Anmaßung. Sprich nie in zu vertraulicher Weise.

29. Überlegenheit zeigt sich darin, dass du niemanden bedarfst.

Man hüte sich davor, bei einer neuen Bekanntschaft sofort die günstigste Meinung zu entwickeln, meistens wird man enttäuscht.

30. Kein Charakter ist so, dass er sich selbst überlassen bleiben und sich ganz und gar gehen lassen dürfte; sondern jeder bedarf der Lenkung durch Begriffe und Maximen.

31. Mit dem Sich brüsten gesteht man sich eine Eigenschaft ein, die man nicht hat.

Keiner darf zeigen, wie er wirklich ist, weil das viele Schlechte und Bestialische unserer Natur der Verhüllung bedarf.

32. Man merkt die eigenen Fehler und Laster nicht, sondern nur die der Anderen. Dafür aber hat jeder am anderen einen Spiegel, in welchem er seine Laster, Fehler,

Unarten und Widerlichkeiten jeder Art deutlich erblickt. Dabei verhält er sich wie ein Hund, der gegen den Spiegel bellt, und denkt, es sei ein anderer Hund, weil er selbst sich nicht erkennen kann. Wer andere bekrittelt, arbeitet an seiner Selbstbesserung. Diejenigen, die sich selbst mit einer scharfen Beobachtung und Kritik unterwerfen, arbeiten an ihrer eigenen Besserung und Vervollkommnung. Denn sie vermeiden, was sie tadeln. Zu unserer Besserung bedürfen wir eines Spiegels.

33. Jeder Mensch wird sortiert nach seinem Amt, Nation, Familie, nach seiner Stellung und seiner Rolle, welche die Konventionen ihm erteilt hat, diesem gemäß wird er sortiert und behandelt. Was er aber als Mensch, vermöge seiner persönlichen Eigenschaften ist, wird meistens ignoriert.

34. Anstatt der wahren Achtung und der wahren Freundschaft, legt der Mensch mehr Wert auf äußerliche Demonstrationen. Wahre, echte Freundschaft setzt eine starke, rein objektive und völlig uninteressierte Teilnahme am Wohl und Wehe des anderen voraus, und diese wieder ein wirkliches Sich-mit-dem-Freunde-Identifizieren.

35. Wahre Freundschaft gehört zu den Dingen, wo man nicht weiß, ob sie fabelhaft sind, oder wirklich existieren.

36. Wir würden mit unseren guten Bekannten kein Wort mehr reden, wenn wir hörten, wie sie in unsrer Abwesenheit von uns reden. Um die Echtheit einer Freundschaft zu überprüfen, erzähle ihm über ein Unglück welches Dir gerade zugestoßen ist. Entfernung und lange Abwesenheit tun jeder Freundschaft Eintrag, so ungern man es gesteht. Die Gegenwart ist eine mächtige Göttin. (Tasso, Aufzug 4, Auftr.4)

37. Geist und Verstand erregt Hass und Groll in der Gesellschaft. „Ist doch Geist und Verstand an den Tag zu legen, nur eine indirekte Art, allen andern ihre Unfähigkeit und Stumpfsinn vorzuwerfen." (Gracian) Der Andere fühlt sich zur Rache aufgefordert und wird meistens Gelegenheit suchen, diese auf dem Wege der Beleidigungen auszuführen. Während in der Gesellschaft Stand und Reichtum mit Hochachtung geehrt werden, werden geistige Vorzüge eher ignoriert. Geistesüberlegenheit jeder Art hat eine isolierende Eigenschaft: sie wird geflohen und gehasst, und als Vorwand hierzu werden ihrem Besitzer allerhand Fehler angedichtet. So ist es auch mit der Schönheit. Schöne Frauen finden keine Freundin.

38. An unserem Zutrauen zu anderen, haben oft Trägheit, Selbstsucht und Eitelkeit den größten Anteil. Trägheit, wenn wir lieber einem anderen trauen. Selbstsucht, weil wir zuviel dem anderen anvertrauen. Eitelkeit, weil wir verlangen, dass man unser Zutrauen ehre.

39. Höflichkeit ist eine stillschweigende Übereinkunft, gegenseitig die moralischen und intellektuell elende Beschaffenheit voneinander zu ignorieren und sie sich nicht vorzurücken; - wodurch diese, zu beiderseitigem Vorteil, etwas weniger leicht zutage kommt. Man kann selbst störrische, und feindselige Menschen durch etwas Höflichkeit und Freundlichkeit biegsam und gefällig machen. Höflichkeit für den Menschen ist wie Wärme für den Wachs, d.h. den meisten Menschen größte Achtung schenken, obwohl sie es gar nicht verdienen. Höflichkeit mit Stolz zu vereinen, ist ein Meisterstück.

40. Für sein Tun und Lassen darf man keinen anderen zum Vorbild nehmen, denn jeder Umstand ist ein anderer. Man muss, nach reiflicher Überlegung und scharfem

Peter Krüger: MUSE 831

Nachdenken, seinem eigenen Charakter gemäss handeln. Originalität ist unerlässlich: sonst passt, was man tut, nicht zu dem, was man ist.

41. Bestreite keines Menschen Meinung, sondern bedenke, dass alle Absurditäten die er glaubt, du ihm niemals ausreden kannst. Leute zu kränken ist leicht, sie zu bessern schwer, fast unmöglich. – Wer auf die Welt gekommen ist, sie ernstlich zu belehren, der kann vor Glück sagen, wenn er mit heiler Haut davon kommt.

42. Wer will, dass sein Urteil Glauben findet, spreche es kalt und ohne Leidenschaftlichkeit aus.

43. Man soll sich nicht zum Selbstlob verführen lassen.

44. Wenn du vermutest, dass einer lügt, dann tue so, als wenn du ihm glauben würdest, er wird stärker lügen, und du kannst ihn entlarven.

45. Unsere persönlichen Angelegenheiten sind unsere Geheimnisse und sollen unseren guten Bekannten völlig fremd bleiben. Denn das Wissen kann uns irgendwann mal Schaden bringen. (Wenn ich mein Geheimnis verschweige, ist es mein Gefangener: lasse ich es entschlüpfen, bin ich sein Gefangener.)

46. Wenn du mit Geld geprellt worden bist, dann hast du dir Klugheit eingehandelt.

47. Man soll gegen niemanden Animosität hegen, jedoch sich das Verhalten eines Menschen merken. Einen schlechten Zug eines Menschen vergessen, ist wie wenn man schwer erworbenes Geld wegwürfe. Man schütze sich vor törichter Vertrautheit und törichter Freundschaft. Weder lieben noch hassen, enthält die Hälfte aller Weltklugheit: nichts sagen und nichts glauben die andere Hälfte.

48. Sich Zorn oder Hass anmerken zu lassen ist unnütz, gefährlich und unklug.

49. Mit freundlichen Ton und höflicher Gebärde kann man alles sagen, ohne in Gefahr zu raten.

Unser Verhalten gegen den Wettlauf und das Schicksal betreffend:

50. Wir sind alle aus einem Teig geknetet.

51. Drei Weltmächte gibt es: Klugheit, Stärke und Glück. Unser Lebensweg ist nicht unser eigenes Werk, sondern das Produkt zweier Faktoren:

1. der Reihe der Begebenheiten und zweitens der Reihe der Entschlüsse, welche stets ineinander greifen und sich gegenseitig modifizieren. Bei beiden ist unser Horizont sehr beschränkt, indem wir unsere Entschlüsse nicht schon von weitem vorhersagen und noch weniger voraussagen können, sondern uns nur das Gegenwärtige bekannt ist. So können wir nur hoffen, dass unsere Entschlüsse uns unserem Ziel näher bringen. (Das Schicksal mischt die Karten und wir spielen).

52. Halte ständig die Wandelbarkeit der Dinge und der Zeit vor Augen. Alles braucht seine Zeit.

53. Überlege, bei allem was du tust, was geschehen könnte. Opfere den bösen Dämonen! Scheue keine Mühe, der Möglichkeit eines Unglückes die Türe zu schließen.

54. Wenn dir etwas passiert, weißt du nie, für was es gut sein kann.

55. Was man als Schicksal bezeichnet, sind oft nur die eigenen dummen Streiche.

56. Mut ist eine sehr wesentliche Eigenschaft.

Lebensregeln:
Philosophische Lebensweisheiten für den Alltag

Alles mit Maß (Solon)

Wenn du zuviel isst, wird dir schlecht, so das Essen auch noch so köstlich ist. Wenn du zu viel Wein trinkst, wirst du betrunken und bekommst Kopfweh, wenn du zu viel arbeitest, wirst du krank. Schon die alten Griechen hatten das Problem, dass das ausschweifende Leben auf Dauer auch nicht glücklich machen kann. Aber wo ist das rechte Maß? Das ist individuell verschieden. Du musst herausfinden, wo dein Maß ist. Was und wie viel kann der Körper vertragen? Was und wie viel kann deine Seele ertragen? Was in deinem Leben solltest du jetzt maßvoll behandeln? Arbeitest du zuviel? Trinkst du zuviel? Rauchst du zuviel? Oder ruhst du zuviel, oder schläfst du zuviel? Manche Leute telefonieren auch zuviel, oder putzen ständig. Fertige eine Liste davon an, was du zu viel machst. Wenn jemand ständig putzt, dann ist die Seele auf der Suche, oder will sich reinigen. Finde heraus, was dahinter steckt, wenn du etwas zu viel tust. Finde einen Weg, maßvoll dein Leben zu gestalten. Das Wenige ist oft mehr.

Alles zu rechten Zeit (Pittakos)

Was ist Zeit? Wenn wir auf die Uhr schauen, haben wir einen Zeitmesser. Jeder Moment ist schon wieder Vergangenheit. Meistens jedoch beschäftigen wir uns mit der Zukunft. Die wenigsten sind zur Zeit in der Zeit. Zeit wird beurteilt nach dem, was wir alles innerhalb dieser Zeit leisten können oder nicht. Zeit wird bezahlt. Zeit ist teuer.

Aber, was ist rechte Zeit? Zeit, die Wert und Qualität hat. Selbst, wenn wir uns ausruhen, regenerieren wir uns nur, um wieder unsere Arbeitskraft herzustellen.

Alles zur rechten Zeit bedeutet, vielleicht zu warten, bis sich bestimmte Dinge entwickeln. Wir können unser Schicksal nicht nach unserem Willen forcieren. Wenn du zur Zeit keinen Partner hast, dann ist eben jetzt nicht die richtige Zeit dafür. Vielleicht hast du andere wichtige Dinge zu lernen. Finde heraus, was für dich jetzt richtig ist. Oder warte, bis die richtige Zeit dafür gekommen ist. Ungeduld ist die Ursache für viele Katastrophen. Wir machen alles viel zu schnell. Wir bewegen uns zu schnell und sind der Zeit oft voraus, dabei wollen wir uns eigentlich ausruhen. Wir schaffen noch mehr, noch schneller, um Zeit für uns selbst herauszuschinden. Welch ein Widerspruch.

Erkenne dich selbst – Das Orakel von Delphi (Thales)

Aber, wer will schon sich selbst erkennen? Wer hat den Mut in den Spiegel zu schauen, um sich selbst zu erkennen. Der Spiegel sind die Anderen, die Menschen und was soll ich erkennen? Mich selbst? Aber wer bin ich? Bin ich ich, oder bin ich mehr als nur das kleine Ich, das was ich von mir weiß? Wer bist du? Ein Körper nur? Eine Seele? Ein Geist? Und wie kann ich mich erkennen. Das Orakel von Delphi? Frage das Orakel, wer du bist.

Wir sollten nicht aufs Geradewohl über die wichtigsten Dinge urteilen. (Heraklit)

Was ist das Wichtigste in unserem Leben? Essen, Trinken und eine warme Hütte. Menschen um uns herum, die uns lieben und anerkenn für das, was wir tun.
Und wie urteile ich über die Dinge, die mir so wichtig sind? Da wird mit der Nachbarin über den schlechten Ehemann getratscht. Der Ehemann wiederum sitzt in der Kneipe und jammert mit seinem Sportsfreund über die schlampige Ehefrau, die zu Hause „nur rumsitzt und nichts tut" und so urteilen und verurteilen wir über die wichtigsten Dinge in unserem Leben. Einfach so aufs Geradewohl.
Etwas negativ zu bewerten, scheint uns relativ leicht zu fallen, wobei eine positive Bewertung weitaus schwieriger ist.
Dreh den Spieß doch einfach einmal um. Versuche, über die wichtigsten Dinge in deinem Leben eine positive Beurteilung abzugeben. Versuche bewusst und nicht nur aufs Geradewohl Dinge zu beurteilen. Denke zuerst nach, bevor du eine Entscheidung triffst. Mach einen Spaziergang, bevor du jemanden beurteilst oder verurteilst.
Über die wichtigsten Dinge zu urteilen, erfordert Intuition, ausführliches Wissen und Bewusstheit.

Alles fließt (Heraklit)

Wenn du in einen Fluss einsteigst, so wird das Wasser immer ein anderes sein. Obwohl du an einen Platz sitzt, wird die Zeit sich ständig verändern. Alles fließt, alles ist den Veränderungen unterworfen. Trotzdem gehen wir immer davon aus, dass alles so bleibt, wie es ist. Der Partner, die Ehe, unsere Wohnung. Wenn du in den Spiegel schaust, bist du nicht mehr die gleiche Person, die du gestern warst, du hast dich verändert. Stagnation ist der Tod einer jeder Beziehung. Stagnation bedeutet nicht Leben. Das Leben ist im Fluss, dennoch wollen wir oft nicht mitfließen, weil die Ängste uns gefangen halten, oder weil wir aus Gewohnheit lieber festhalten an den Dingen, die wir lieben. Du kannst nie wieder in den gleichen Fluss einsteigen, du kannst nie davon ausgehen, dass dein Partner für immer bei dir bleibt, er wird sich verändern, du wirst dich verändern. Alles fließt, bedeutet fließe mit dem Leben, werfe Stagnation, festhalten von dummen Gewohnheiten und Mustern fort. Sie behindern dich. Sei im Fluss mit dem Seienden, denn das Seiende ist etwas, was immer im Fluss ist.

Dem Menschen Verhalten (Charakter) ist sein Schicksal (Heraklit)

Wir bringen Eigenschaften unserer Persönlichkeit mit in diese Welt, die unser Verhalten bestimmen, ob wir wollen oder nicht. Diese Eigenschaften, oder auch Charakter genannt, lassen sich astrologisch bestimmen. Der Mensch ist wie er ist, und nicht anders. Wenn ich weiß, wie ich bin, dann kann ich mich auch akzeptieren.

Wenn jemand jähzornig ist, wird er sich je ändern können? Manchmal verhält sich der Mensch anders, als er möchte. Aber Schicksal ist etwas, was ich nicht beeinflussen kann. Also, komme ich mit bestimmten Eigenschaften auf dieser Welt, die mein Schicksal mitbestimmen. Wenn ich nun weiß, welche Eigenschaften das sind, kann ich besser damit umgehen.

Die Dinge sind, wie sie jedem erscheinen (Protagoras von Abdera)

Die Dinge sind nicht so, wie sie sind, sondern so, wie du sie wahrnimmst. Das Glas kann halb voll sein, aber auch halb leer. Tatsache ist, es ist halbgefüllt. Du kannst die Natur beseelt wahrnehmen, oder unbeseelt.

Du kannst glauben, es gibt ein Leben nach diesem Leben, oder du kannst auch glauben, dass mit dem Tod alles vorbei ist. Alles was auch immer du denkst, es ist rein subjektiv. Dein Wahrnehmen von der Welt ist rein subjektiv, sie ist so wie sie dir erscheint, einem anderen erscheint sie völlig anders. Aber, wie ist die Welt dann wirklich, wenn ein jeder sie nur in ihrer Subjektivität wahrnehmen kann?

Wenn die Dinge so sind, wie sie dir erscheinen, dann kannst du dich aber auch im Irrtum befinden. Dann kann es sein, dass alle Sinne dich täuschen. Wir sind schon oft einem Irrtum unterlegen. Als die Philosophen versucht haben, die Welt zu erklären, haben sie sich auch manchmal geirrt. Wenn die Dinge so sind, wie sie dir erscheinen, dann überprüfe, ob du vielleicht einem Irrtum unterliegst, ob deine Sinne dich vielleicht trügen?

Die kürzesten Wörter, nämlich ja und nein erfordern das meiste Nachdenken (Pythagoras)

Ein kleines gehauchtes „Ja" und dein Leben ist verändert: du bist plötzlich verheiratet und bald kommen die Kinder. Das hattest du dir ganz anders vorgestellt? Vielleicht hast du nicht lange genug darüber nachgedacht, ob dein Lebenspartner gut genug zu dir passt.

Peter Krüger: MUSE 137

Du hast einen Geschäftspartner in dein Geschäft auf-
genommen und nun hat er dich ruiniert. Du hast nicht
lange genug nachgedacht. Wir sagen viel schneller „Ja",
als „nein". Weil „ja" sagen einfacher ist, besonders in der
Erziehung. Ein „Nein" ist anstrengend, erfordert Widerspruch, Kampf und Durchsetzungsvermögen.
Ein „nein" bedeutet Abgrenzung und Stärke.
Über „nein" und „ja" kann man eigentlich nicht genug
nachdenken. Wie oft ist ein voreiliger Entschluss im
nachhinein bereut worden. Ein „ja" zu sagen zu einem
Kind, ein „ja" zu sagen zu einem Partner, ein „Ja" zu sagen
zu einem Ortswechsel erfordert großes Nachdenken.
Überlege dir wozu du „ja" oder „nein" gesagt und später
bereut hast. Was kannst du beim nächsten Mal besser
machen? Welche Fehlentscheidungen hast du getroffen
und warum?

**Du musst lernen, dass das, was du suchst, du selber
bist. (Sokrates)**

Wir sind ständig auf der Suche, nach dem Schlüssel, oder
auch auf der Suche nach uns selbst, wer wir sind.
 Wer bin ich? Suchen heißt, das ich noch auf der Suche
bin. Die meisten Menschen suchen im Außen, doch das
ist die falsche Suche. Zu suchen, was ich selber bin, ist
eigentlich nicht angenehm und wird leicht verdrängt.
Ich könnte mich ja erschrecken, vor dem was ich da finde. Viele Menschen sind lange auf der Suche und rennen
weg, wenn sie sich selber entdecken.
Aber, was bin ich selbst? Wer ist mein Selbst? Eigentlich
suche ich mich in allem, in meinem Partner, in meinen
Kindern, in meiner Umwelt. Ich brauche die Bestätigung,
dass es mich gibt.

Damit jeder merkt, dass es dich gibt, musst du manchmal laut sein, man hört dich vielleicht nicht. Wenn du bei dir selber angekommen bist, dann kannst du eigentlich auch wieder gehen, weil angekommen sein, heißt auch, dass die Suche aufgehört hat, dann kannst du leben im Sein.

Ich weiß, dass ich nichts weiß (Sokrates)

Jeder weiß, dass es auch etwas gibt, das er nicht weiß, nämlich sein Unbewusstes. Sokrates verstand es, solange zu fragen, bis dem Menschen sein Unbewusstes bewusst wurde. Wie kannst du nun an dein unbewusstes Wissen kommen, welches dich nämlich so und nicht anders reagieren lässt. Im Unbewussten sitzen unsere Dämonen und Schatten und lauern auf eine Gelegenheit zuzuschlagen. Wüssten wir, was da alles schlummert, so glaube ich, das wir es doch lieber nicht wissen wollten. Aber auch das Eingeständnis, nicht alles wissen zu können, oder zu wollen, nur ein Bruchteil von sich selbst überhaupt zu verstehen, hilft uns, mit uns selbst in Kontakt zu treten.

Wünsche sind Umwege zum Glück (Diogenes)

Warum sind Wünsche Umwege zum Glück. Diogenes lebte bescheiden und einfach. Doch in unserer heutigen Zeit brauchen wir ständig mehr. Wir wünschen uns Gesundheit, ein langes Leben noch mehr Glück, noch mehr Annerkennung, noch mehr Liebe. Nur wenn wir wünschen, sind wir nicht im Sein. Wir befinden uns im Träumen über die Zukunft. Wenn wir wünschen, dann träumen wir von etwas Besserem, ein Wunsch nach mehr

Liebe oder einem Partner, lässt in mir die Sehnsucht erwecken, wobei in Sehnsucht auch das Wort Sucht steckt. Je mehr ich mir Wünsche erfülle, desto mehr werde ich süchtig nach der permanenten Wuscherfüllung. Wenn ich aber damit beschäftigt bin, meine permanente Wuscherfüllung zu befriedigen, kann ich nicht mehr mitbekommen, was im Moment passiert. Ich bin nicht mehr im Sein und damit auf dem Umweg zu meinem Glück. Ich lebe mein Glück nicht, sondern ich strebe ständig danach.

Philosophie beginnt mit der Fähigkeit, sich zu wundern (Platon)

Ein Kind kommt auf die Welt und wundert sich, es fängt an zu fragen, will die Welt verstehen. Über manche Geschehnisse wundern wir uns auch, meist wenn etwas Ungewöhnliches passiert. Wer sich heute nicht mehr wundern kann, ist abgestumpft. Das Wundern gehört zum Leben, wie der Zucker in dem Kaffe. Zum Wundern gehört auch das Staunen. Das Staunen über die Dinge, wie sie sind, oder auch nicht sind. Schon morgens beim aufwachen sollte man staunen, dass die Umgebung noch genau so aussieht, wie man sie abends verlassen hatte. Dass die Sonne aufgegangen ist und die Vögel zwitschern. Wir gehen immer davon aus, dass alles so bleibt, wie es in unserer Vorstellung vorhanden ist, jedoch von einer Sekunde auf die andere, kann sich alles ändern. Nichts hat Bestand, und es gibt keine Versicherung dafür.
Wundere dich über jeden Tag, der dir geschenkt wird, und wundere dich über das, was dir schönes passiert.
Das Leben ist ein einziges Wunder.

Jedes Ding hat sein Ziel (Aristoteles)

Das Ziel eines Babys ist, sich zu entfalten und zu lernen. Das Ziel einer Blume ist gut zu duften und schön zu sein, so dass andere sich daran erfreuen können. Was ist des Menschen Ziel? Was ist Dein Ziel?
Alles entwickelt sich fort, hin zum Tod. Erst entwickeln wir uns, bis wir alles gelernt haben inklusive Weisheit, um dann zu sterben. Die Frage ist, habe ich mein Ziel in diesem Leben erreicht? Oder warte ich noch darauf, dass sich mir das Ziel in meinem Leben erst noch erschließt? Wenn jedes Ding sein Ziel hat, dann muss auch dein Leben ein Ziel haben. Was ist es?

Genieße dein Leben (Epikur)

Das ist einfacher gesagt, als getan. Schon der Eintritt in unser Erdendasein ist mit Anstrengung verbunden. Und wie anstrengend ist es erst, erwachsen zu werden. Die Welt zu begreifen. Niemand hat uns beigebracht, unser Leben zu genießen. Eher passt das Sprichwort: Lebe um zu arbeiten. Und wie überhaupt soll ich mein Leben genießen können, mit den alltäglichen, lebensbedrohenden Nachrichten? Und trotzdem: Warum sind wir auf dieser Welt? Um Erfahrungen zu machen und nicht nur die negativen. Wir haben einen Körper bekommen, also können wir ihn auch genießen.
Worin kann der Genuss liegen. Der eine genießt den Sport, der andere das gute Essen. Hast du heute schon dein Leben genossen? Nein? Dann überlege dir ab jetzt, wie du dir jeden Tag eine kleine Freude machen kannst.

Plane einen Lebensgenuss für dich ein. Vielleicht eine kleine Praline, ein Glas Rotwein, ein besonderes Essen mit einem Freund, ein Glas Champagner mit einer Freundin?

Oder einen Spaziergang durch die Natur. Genieße die Geräusche der ersten Vogelstimmen, die dich am frühen Morgen wecken, genieße deinen Partner, deine Kinder, jede Sekunde. Genieße jede Sekunde in deinem Leben, denn schon gleich kann alles anders sein. Sei dankbar für alles, was du hast und bist.

Lebe im Verborgenen (Epikur)

Wer im Mittelpunkt steht, wird schnell angegriffen. Im Verborgenen zu leben, bedeutet mit sich selbst auszukommen, sich selbst zu genügen, zufrieden zu sein und nicht abhängig von Menschen oder Vergnügungen.

Leben im Verborgenen, heißt im Einklang mit sich selbst sein.

Wer im Verborgenen leben kann, hat geistige Inhalte, hat seinen Halt an Werten, die nicht öffentlich sind.

Leben im Verborgenen bedeutet nicht Rückzug oder Ausschluss aus der Gesellschaft, das wäre ein krankhafter Zustand. Lebe im Verborgenen sagt: Lebe!

Vielleicht ist es an der Zeit, mal unterzutauchen und herauszufinden, was es in deinem Leben an verborgenen Werten gibt? Was überhaupt hat Wert in deinem Leben? Ein Leben im Verborgenen ist vielleicht ein Leben in einer geistigen, spirituellen Geborgenheit.

Wahre Erkenntnis braucht Ruhe und Ent-Spannung.

In der An-Spannung treffen wir die falschen Entscheidungen. Ziehe dich zurück aus dem Alltagstrott, den täglichen Sorgen und Ängsten und lerne das Verborgene kennen. Das Verborgene ist etwas Geheimnisvolles, eine Welt, die außerhalb unserer Realität existiert.

Carpe diem – Nutze den Augenblick (Horaz)

Das Wetter ist neblig und trübe, plötzlich jedoch bricht die Sonne hervor. Nutze den Augenblick und genieße die Sonne. Nutze den Augenblick, wenn dir ein Mensch begegnet für ein Gespräch, er könnte eine wichtige Botschaft für dich haben.

Nütze den Augenblick, deine Hände während des Schreibens ein wenig ruhen zu lassen, um nach innen zu horchen, damit du den Klang deiner inneren Stimme nicht verlierst.

Nütze den Augenblick, da das Glück dich gestreift hat, denn gleich kann der Kummer eintreten.

Nutze den Augenblick der Liebkosung deines Kindes, welches aus deinem Körper geboren wurde.

Nütze den Augenblick, in dem du in die Seele eines Menschen eintauchen darfst, um zu lieben.

Nütze den Augenblick des Geschenkes, welches sich dir darbringt, und genieße den Inhalt. Frage nicht nach woher und wohin.

Nütze den Augenblick in dem dir Menschen anvertraut werden, für die du eine wichtige Botschaft bereithältst.

Nütze den Augenblick deines Daseins und genieße ihn.

Der Fehler liegt nicht in den Dingen, sondern in uns selbst. (Seneca)

Wir alle machen Fehler in unserem Leben, denn wir sind auf die Erde gekommen, um Erfahrung zu sammeln. Das Problem dabei ist nur, dass wir sehr gerne die Schuld auf alles Mögliche abschieben. Das Wetter ist Schuld, dass ich heute keine Lust habe zu schreiben. Die Kinder sind Schuld, dass ich aus meinem Leben nichts machen konnte. Die Probleme sind Schuld daran, dass ich so viel trinke oder esse. Mein Partner ist Schuld daran, dass ich mich nicht selbst verwirklichen kann usw. Es gibt tausend Gründe, um etwas nicht tun zu müssen. Dabei kann das Wetter nun gar nichts dafür. Das Wetter ist, wie es ist. Der Fehler liegt nicht in den Dingen, sondern in uns selbst. Es ist ausschließlich meiner eigenen Unzulänglichkeit, meiner eigenen Unzufriedenheit oder Unlust zuzuschreiben. Nur möchte ich mir das nicht eingestehen und projiziere meine Unlustgefühle auf das arme Wetter, welches ich hierfür verantwortlich mache.
Für welche ungelebten Gefühle in dir, machst du andere oder anderes verantwortlich? Finde heraus, welche positiven Qualitäten in dir schlummern, die gelebt werden möchten.

Nirgends ist, wer überall ist (Seneca)

Bedenke, ob es an der Zeit ist, eine kleine Pause einzulegen und darüber nachzudenken, wo du eigentlich sein möchtest.
Setze dich hin und schreibe auf:
1. wo befinde ich mich jetzt?
2. Und wo möchte ich wirklich hin?

Peter Krüger: MUSE 879

Kann es sein, dass du dich innerlich leer fühlst, weil du nirgendwo ein zu Hause hast, weil deine Seele kein zu Hause hat? Wenn du überall sein möchtest, kommt deine Seele nicht mehr mit, weil sie nichts mehr verarbeiten kann. Überall sein ohne innere Beteiligung macht auf Dauer krank. Versuche herauszufinden, was deine Seele wirklich möchte.

Geh in die Natur, suche einen Baum und entspanne dich, überlege, was für dich wirklich wichtig ist, wo du wirklich sein möchtest. Und wo musst du eigentlich nicht überall sein. Ist es notwendig, jeden Abend auszugehen, jede Reise anzunehmen, überall dabei sein zu müssen? Immer unterwegs, immer produzieren, immer weiter, immer höher, immer besser, immer fortschrittlicher, aber der Mensch bleibt auf der Strecke. Überall dabei zu sein, überall gesehen zu werden, ist in. Das Gefühl, etwas zu verpassen, ist in unserer Gesellschaft groß. Wir verpassen, unser Glück und merken gar nicht, dass wir dem Glück hinterher rennen und dass das Glück nicht überall ist, sondern in uns und nur in uns selbst.

Während man es aufschiebt, geht das Leben vorüber (Seneca)

Was verschiebst du auf morgen? Dein Glück?
Dein Leben zu deinen Gunsten zu ändern?
Halten dich Sorgen und Ärger davon ab, das Leben jetzt zu genießen?
Was schiebst du auf die lange Bank? Etwas zu ändern?
Warum schiebt man etwas auf? Weil der Mensch zu belastet ist, es im Moment zu lösen. Weil er sich momentan mit dem Thema nicht auseinandersetzen kann. Weil der Mensch sich lieber zurückzieht.

Vielleicht solltest du wieder Freunde einladen, ausgehen oder dir etwas Gutes gönnen. Vielleicht solltest du mal wieder etwas nur für dich tun.

Ob du es tust, oder nicht tust, das Leben geht vorüber, so oder so.

Was hält dich davon ab, die Dinge sofort zu lösen, nicht aufzuschieben und das Leben zu spüren. Mittendrin zu sein im Leben.

Ein Mensch, der jahrelang isoliert lebt, hat das Gefühl, dass das Leben an ihm vorüber zieht, ohne dass er gelebt hat.

Lebe dein Leben und schiebe es nicht auf die lange Bank. Soviel Zeit hast du nicht, dich zu verwirklichen.

Die Philosophie lehrt handeln, nicht schwatzen (Seneca)

Was reden wir nicht alles den lieben langen Tag lang, aber führen wir ein richtiges Gespräch?

Wer sich mit Philosophie befasst, der stellt sich bald die Grundfragen des Lebens: wer bin ich, was tue ich und wohin gehe ich. Seneca meint, Philosophie lehrt handeln. Dazu muss ich erst mal fragen, was ist richtiges Handeln überhaupt. Das hat wiederum mit Erkenntnis zu tun, und dazu brauchen wir unseren Verstand. Schwatzen bedeutet Alltagsgespräche, die auch manchmal notwendig sind, aber schnell langweilig. Seneca meint, um richtig handeln zu können, brauche ich ethische Grundwerte, die sind bei jedem Menschen unterschiedlich.

Wenn ich immer nur rede von dem, was ich tun will, und nicht handle, bin ich irgendwann unglaubwürdig.

Wenn ich aber meine Überzeugungen kundtue und entsprechend handle, so werde ich von der Umwelt ernstgenommen.

Goldene Zügel machen ein Pferd nicht besser (Seneca)

Ein mancher Mensch denkt, ach wenn ich doch mehr Geld hätte, dann wäre ich glücklich, was ich dann alles tun könnte. Oder, Frauen heiraten reiche Männer, in der Hoffnung, dass es ihnen dann besser gehen würde. Doch die goldnen Zügel weisen sich dann schnell als Gefängnis aus. Auch Männer suchen sich oft reiche Frauen, weil sie keine Lust haben, ihr Leben zu bewältigen. Doch was für ein Tausch: Goldene Zügel bleiben ein Gefängnis, auch wenn sie aus Gold sind, dabei scheinen auch manche nur aus Gold zu sein, und sind dabei nur vergoldet.

Gold hat schon immer den Menschen fasziniert, wir suchen nach Gold, wir tragen Gold und wir horten auch Gold, aber alles Gold der Welt macht auch einen Charakter nicht besser, oder? Vielleicht schlechter sogar?

Stell dir vor, du hast viel Gold, was würdest du in deinem Leben ändern? Würde es dich wirklich verbessern? Wärst du dann wirklich glücklicher?

Stell dir vor, wie viel Werte du hast, wer du wirklich bist, und sei glücklich, dass du keine goldenen Zügel brauchst.

Deine Einstellungen musst du ändern, nicht deinen Aufenthaltsort (Seneca)

Es gibt Manschen, die sind ständig auf der Flucht, aber am meisten vor sich selbst. Rastlos ziehen sie durch die Welt, um alles erfahren zu wollen und suchen nach dem

Sinn des Lebens, von einem Aufenthaltsort zum anderen. Zurück bleibt jedoch eine innere Leere.

Wenn ich jedoch meine Einstellung zu mir selbst verändere, dann kann ich es möglicherweise auch mit mir selbst aushalten. Nur, wie finde ich das heraus?

Frage dich, was suchst du, was treibt dich immer wieder fort? Womit bist du nicht zufrieden in deinem Leben? Was ist falsch an deinem jetzigen Aufenthaltsort?

Was brauchst du, um glücklich zu sein? Welchen Lebensstil brauchst du, um mit dir selbst zufrieden zu sein?

Gehe in die Natur und frage den Baum, wenn du nicht weiter weißt. Hier ist es mal notwendig, aus dem Verstand herauszukommen und den Weg zum Unterbewussten frei zu legen. Das funktioniert nur in der Entspannung und in der Ruhe.

Wenn du alle diese Fragen beantworten kannst, dann ändere dein Leben und fange an, dich selbst auszuhalten, dann halten dich auch andere aus.

Durch Lehren lernen wir (Seneca)

Ein guter Lehrer ist auch immer ein guter Schüler. Ein guter Schüler ist auch immer ein guter Lehrer. Wenn ich wirklich lehre, so wie es die Philosophen verstanden haben, dann lernen wir auch wirklich und zwar fürs Leben und nicht für die Schule. Wirkliches Lehren hat etwas mit Weisheit zu tun, und nicht mit Wissen anhäufen. Wissen wird schnell vergessen, aber Weisheiten werden verinnerlicht. Wir haben zu lernen, wie das Leben funktioniert, aber was lernen wir wirklich?

Wenn ich lehre, lerne ich durch die Fragen des Schülers. Erst das Fragen bringt mich zum Denken. Sokrates lehrte, indem er Fragen stellte. Ein guter Lehrer ist nicht einer, der alles weiß, sondern einer der in Frage stellt. Wenn wir selbst lehren, im Sinne von verantwortungsvoll führen, sei es unsere Kinder, unsere Mitarbeiter, unsere Familie, so lernen wir auch immer von anderen. Nur so lernen wir durch Lehren.

Kein Besitz macht Freude, wenn der Freund fehlt (Seneca)

Wenn es nur dich gäbe, an was könntest du dich erfreuen? Du könntest deine Freude nicht teilen. Geteilte Freude ist noch mehr Freude. Die Freude liegt nicht im Besitz sondern im Teilen des Besitzes mit einem Freund. Du hast mehr Freude, wenn du die Flasche Wein mit einem Freund teilst, oder das Essen. Trotzdem ist der Mensch dazu geneigt, sich zurückzuziehen, um nicht verletzt zu werden, aber daraus entsteht eben auch keine Freude. Die schönste Freude ist doch die Vorfreude auf etwas. Einen Freund zu haben, ist etwas Wertvolles, ihn zu behalten, ist weitaus schwieriger, mit ihm Besitz zu teilen, soll Freude machen? Vermutlich fangen die Schwierigkeiten dann spätestens an. Was meint also Seneca? Es ist nicht der Besitz das wichtige, sondern der Freund. Sich mitteilen, sich austauschen, sich erfahren, über den anderen. Freundschaft ist etwas wertvolles, wie viel Freunde hast du, mit denen du dich triffst, mit denen du Freude haben kannst? Kümmere dich um Freunde, dann kümmern sich die Freunde auch um dich.

Ich bin verheiratet mit der Wahrheit (Hypatia)

Die Wahrheit ist nicht immer angenehm, deswegen ziehen wir es vor, oft nicht die Wahrheit zu sagen, weil wir Angst haben, den anderen Menschen zu verletzen, wenn er die Wahrheit hören würde. Aber was ist dann Wahrheit? Es dem anderen bequem zu machen, nur weil man zu feige ist? Wahrheit hat mit Erkenntnis zu tun. Wer bin ich in Wahrheit? Oder habe ich mir im Laufe des Lebens ein Lügengebäude errichtet. Mache ich mir etwas vor, nur weil ich Vorteile dadurch habe? Was ist die Wahrheit über mich, die nackte Wahrheit? Was oder wer bin ich wirklich, ohne alle Statussymbole, Haus, Auto, Prestige, Designermode? Was bleibt übrig, wenn alle Statussymbole wegfallen? Ein Nichts, oder eine Persönlichkeit? Verheiratet zu sein, bedeutet auch gebunden zu sein. Ich habe mein Ja - Wort gegeben zur Wahrheit! Ich werde mir und meiner Wahrheit treu sein, und mich nicht verkaufen an einen Ehemann, nur weil ich gut versorgt bin und Zeit meines Lebens einen Partner habe, den ich eigentlich täglich anlügen muss. Ich bleibe meiner Wahrheit treu. Ich bin verheiratet mit der Wahrheit meines Selbstes, mit mir selbst.

Bedenke die Voraussetzungen und die Folgen (Epiktet)

Bevor du losgehst, setzt dich hin und überlege, welche Folgen deine Handlungen haben könnten. Würdest du mit dem Auto losfahren, ohne auf den Tacho zu schauen und zu überprüfen, wie weit der Sprit noch reicht? Nein, aber im Leben rennen wir oft los, ohne über die Konsequenzen nachzudenken. Beispielsweise werden Atomreaktoren gebaut, ohne darüber nachzudenken, wo der Atommüll hinsoll? Es werden Dinge produziert, die überflüssig sind und der Natur schaden. Wir fahren mit dem Auto und dennoch wissen wir, dass das Ozonloch größer und größer wird. Wir planen, ohne die Folgen zu bedenken.

Wenn du dein Leben planst, fange an, über die Folgen nachzudenken. Beispielsweise deine Gesundheit: Wenn du rauchst, sind die Folgen, dass du deiner Gesundheit schadest. Was du für dich tust oder nicht tust, hat seine Folgen, negativ oder positiv. Wenn du nicht gut für dich sorgst, hat es die Folgen, dass dein System irgendwann zusammenbricht.

Bevor du jetzt etwas planst, setzte dich hin und versuche, die Folgen herauszubekommen, die dann eintreten könnten.

Beleidigungen treffen dich nicht (Epiktet)

Wir Menschen sind emotionale Wesen und auch deshalb so leicht verletzbar. Wenn eine Beleidigung dich getroffen hat, dann überprüfe, ob du wirklich gemeint bist, oder ob der Mensch, der dich beleidigt hat, nicht anders kann, weil er so ist, wie er ist. Das meint, manche Menschen sind so unzufrieden mit sich selbst, dass sie es nicht ertragen können, jemanden anderen glücklich oder erfolgreich zu sehen. In dem Moment, wo sie jemanden beleidigen, fühlen sie sich wieder mit sich selbst zufrieden, weil sie es sonst mit sich selbst nicht aushalten.

Sollte also jemand dich beleidigt haben, so kann es dich nicht treffen, weil es ja nicht die Wahrheit ist. Es ist doch nur die subjektive Meinung eines anderen Menschen, der sich in seinen Gefühlen verirrt hat. Aus dieser Perspektive gesehen, kannst du für diesen Menschen, der dich beleidigt hat, doch nur tiefes Mitleid empfinden.

Peter Krüger: MUSE 215

Außerdem liegt es an dir, einem Menschen zu erlauben, dich zu beleidigen oder nicht. Wenn du solche Menschen kennst, meide sie, oder sage ihnen, das sie verletzend sind, dass sie die Möglichkeit haben, ihr Verhalten zu ändern, oder du sie nicht mehr sehen möchtest.

Die Dinge und die Meinungen darüber sind nicht dasselbe (Epiktet)

Das, was wir im Kopf haben, was wir denken, muss nicht immer die Wahrheit sein, obwohl ein mancher denkt, er habe die Wahrheit für sich gepachtet. Wenn zwei Menschen über das gleiche Ding denken, müssen ihre Meinungen darüber nicht dieselben sein. Am meisten irren wir uns, wenn wir verliebt sind. Ich kann mir beispielsweise einbilden, jemand sei in mich verliebt, dieser war aber nur freundlich. Man nennt es auch: Einbildungen oder Projektionen. Über was in deinem Leben hast du eine Meinung verfasst, die nicht unbedingt stimmen muss? Vielleicht denkst du etwas, was andere über dich denken, was überhaupt nicht zutrifft. Dann ist deine Meinung über die Dinge nicht dasselbe, was andere meinen. Vielleicht hast du ein Weltbild entworfen, beispielsweise ein Hubschrauber kreist über dir, du meinst, der ärgert dich absichtlich. Tatsache ist, der Hubschrauber sucht einen Bankräuber. Das Ding an sich ist so, wie es ist und deine Meinung darüber muss nicht so sein, wie das Ding an sich ist. Weil du was ganz anderes meinst, als das, was das Ding an sich überhaupt ist.

Es geht mich nichts an (Epiktet)

Alles, worüber du Einfluss hast, ist von Natur aus frei. Aber es ist sinnlos, sich über Dinge aufzuregen, über die du sowieso keinen Einfluss hast. Wenn du dich nur um das kümmerst, was nur wirklich dich angeht, dann brauchst du niemandem die Schuld zu zuschieben, du wirst keinen Feind haben, niemand wird dir schaden, niemand wird dich hindern oder nötigen.

Schreibe auf ein Papier auf, über was du Einfluss hast und über was du keinen Einfluss hast, und dann mach dir klar, dass dich das letztere nichts angeht.

Begehrern heißt, dass du dir über das Ziel deines Begehrens im Klaren sein solltest, denn sonst scheiterst du. Versuche also nicht, die Dinge zu begehren, die gegen die Natur sind. Das Beste wäre, du würdest überhaupt nichts begehren. Beschränke dich auf das, was für dich erreichbar ist und was du beeinflussen kannst.

Wirst du in Dinge verwickelt, die dich eigentlich nichts angehen? Sind z.b. die Sorgen und Ängste Anderer auch deine Sorgen? Sage dir immer wieder: es geht mich nichts an. Wirst du verwickelt in Tratsch und Klatsch, sage dir: es geht mich nichts an. Kommt Ärger auf dich zu und Probleme, die du im Moment nicht lösen kannst, dann sage dir: es geht mich nichts an. Kannst du nachts nicht schlafen, weil die Sorgen dich quälen, dann sage dir immer wieder: es geht mich nichts an. Die Frage ist doch, warum geht es dich denn etwas an? Warum musst du dich denn einmischen?

Wenn du verletzt oder angegriffen wirst, so sage dir immer wieder, es geht dich nichts an, denn es ist ja nur das kleine Ego, was verletzt wird. Dein eigentliches Selbst kann ja gar nicht angegriffen werden, denn das geht es nun wirklich nichts an.

Hüte dich vor seelischem Schaden (Epiktet)

Was kann uns seelischen Schaden bringen? Neid, Gedankenlosigkeit, Wut, Zorn, Besitzgier, Habgier, aber auch Liebe kann Abhängigkeiten schaffen.
Sobald wir etwas wollen, fangen die Probleme an. In dem Moment, wo wir lieben, sind wir auch verletzbar. Hüte dich, heißt aber nicht, verschließe dich. Hüte dich bedeutet: sei achtsam, was um dich herum passiert. Involviere dich nicht mit deinen Gefühlen, verliere dich nicht in deinen Gefühlen. Überlege genau, was dir schadet und dann hüte dich davor. Wenn du weißt, dass Zeitdruck dir schadet, dann plane deine Zeit vernünftig. Kalkuliere immer ein, dass etwas Ungeplantes passieren kann.
Verlassen zu werden, kann einen seelischen Schaden verursachen, und wie kann ich mich davor schützen?
 Indem ich keine zu starken Bindungen eingehe.
Ich kann mit jemandem sein, ich kann aber auch alleine sein.

Trotze dem Spott (Epiktet)

Ist ein Mensch anders als die Masse, oder denkt einer anderes, dann wird er schnell verspottet. Das ist bei Kindern sehr gut zu beobachten. Kinder werden ausgelacht, gemieden, verspottet, wenn sie nicht der Norm entsprechen. Aber was heißt Norm? Ist das denn richtig, wenn alle gleich aussehen, wenn alle gleich denken. Nonkonformistisch. Trotze dem Spott, wenn du anders bist, wenn du anders denkst. Natürlich bekommst du nicht die Annerkennung der Gesellschaft, aber was ist wichtiger? Anders zu sein, bedeutet, sich selbst zu sein, sich nicht anzupassen, seine Individualität zu leben. Trotze dem Spott heißt, sich auch mit Dingen auseinander zu setzen, die gesellschaftlich nicht anerkannt sind, z.b. Müßiggang, oder selber denken. Wenn dich einer verspottet, heißt das nicht, dass du schlecht bist, es heißt nur, dass der andere dumm ist, weil er nicht über seinen Horizont hinaus sehen kann. Trotze dem Spott, heißt zu tun, was du für richtig hältst und dich nicht darum zu kümmern, was andere darüber denken.

Tu immer deine Pflicht (Epiktet)

Es heißt nicht: Tu deine Pflicht! Nein, es heißt: Tu immer deine Pflicht!
Was ist denn unsere Pflicht? Geld zu verdienen und für den Lebensunterhalt zu sorgen. Aber es gibt vielleicht auch noch eine geistige Pflicht oder eine spirituelle Pflicht?
Jeder hat andere Pflichten zu erfüllen. Die Pflicht der Mütter ist es, ihre Kinder zu erziehen. Die Pflicht der Buddhisten ist es, zu beten und keinem Wesen Schaden zuzufügen. Es gibt eine moralische Pflicht. Es gibt eine Verpflichtung andern Menschen gegenüber. Es gibt eine Verpflichtung dir selbst gegenüber.
Welche Pflichten hast du dir selbst und deinen Mitmenschen gegenüber?
In welchen Verpflichtungen hast du dich verheddert, die dir nur deine kostbare Zeit rauben und die nicht mehr

zu dir passen?

Tu immer deine Pflicht, aber was ist deine Pflicht? Für die Familie zu sorgen und dich spirituell und geistig weiter zu entwickeln? Finde es heraus und arbeite an den Punkt weiter, den du vernachlässigt hast.

Überfordere dich nicht (Epiktet)

Eigentlich wollen wir uns alle nicht überfordern und trotzdem geschieht es täglich. Da sind noch tausend Dinge zu erledigen, der Haushalt muss getan werden, die Kinder fordern ihre Zuwendung, im Beruf muss der Mensch funktionieren und vor allem Leistung bringen. Das Leben ist teuer, das Geld ist knapp, so rennen wir der Zeit hinterher und funktionieren. Wir haben nur eine kurze Zeit auf dieser Erde, und in diese wollen wir so viel, wie möglich, hineinpacken, denken wir, aber es stimmt nicht! Wir haben alle Zeit dieser Welt, denn was wir nicht in diesem Leben erledigen können, das können wir vielleicht im nächsten Leben erledigen. Ist das wichtig? Alles zu wissen, alles zu können, alles zu wollen. Setze dich hin und schreibe auf, was alles zu viel ist in deinem Leben, was dich überfordert. Hast du zu viel Verantwortung übernommen? Kannst du nicht NEIN sagen? Der erste Schritt, um aus einer Überforderung herauszutreten, ist die Verweigerung. Ist das Wort NEIN und der Mut dazu, es auszusprechen. Übe es! Stell dich vor den Spiegel und sage immer wieder NEIN. Dann fange an, alles aus deinem Leben herauszuschmeißen, was dich überfordert!

Vermeide den Ärger und bewahre die Haltung (Epiktet)

Jeden Tag werden wir mit Ärger mehr oder weniger konfrontiert. Je weniger wir den Ärger wollen, umso stärker kommt er auf uns zu. Da ist unser Nachbar, unser Kollege, der Autofahrer, der Vermieter, die zu hohe Heizkostenrechnung, die Handwerker, die nicht kommen, das verstopfte Abflussrohr und und und...

Wenn der Ärger kommt, erhebt sich unser Blutdruck, der Adrenalinspiegel steigt, man brüllt los und dann ist man den Ärger los, oder handelt sich noch mehr Ärger ein.

Wie kann ich also den Ärger vermeiden?

Überhaupt nicht, aber ich kann meine Einstellung dazu ändern. Es heißt: Bewahre die Haltung! Die meisten Menschen jedoch tun dies, genau genommen, nicht.

Jeden Morgen, wenn du aufstehst, begrüße den Ärger, der da heute auf dich zukommen möchte. Damit hast du schon einen Punkt gesammelt, denn nicht der Ärger überkommt dich plötzlich, sondern du planst ihn ein, heißt ihn herzlich willkommen. Das heißt, du bist gelassener, dein Adrenalinspiegel erhöht sich nicht. Wenn du dann noch tief durchatmest und dir sagst: ich will jetzt wütend werden, oder ich will mich aber jetzt aufregen (das ist eine paradoxe Intervention!) dann hat dein Körper keine Lust mehr, wütend zu werden, und kann über eine konstruktive Lösung nachdenken. In diesem Falle kannst du dann Haltung bewahren und nach einiger Zeit der Übung auch den Ärger vermeiden.

Zügle deine Ansprüche (Epiktet)

Was gibt es alles in deinem Leben, was du brauchst? Wie viel Wünsche hast du? Was wollen wir nicht alles in unserem Leben: Reichtum, Glück, Gesundheit und gesellschaftliche Anerkennung. Und wie erreichen wir das? Indem wir uns bemühen, das zu erreichen und unsere Ansprüche immer höher schrauben. Ein eigenes Heim, ein Zweitwagen, gutes Outfit, essen gehen, ausgehen, genießen.

Sokrates sagte: „Es gibt so viel schöne Dinge, die ich nicht brauche". Versuche dein Leben auf das Nötigste zu reduzieren. Was brauchst du wirklich? Wie könntest du leben, wenn du alle deine Ansprüche runterschraubst. Vielleicht musst du dann weniger arbeiten? Vielleicht kommst du dann zur Ruhe. Erst wollen wir alles haben, dann können wir nichts damit anfangen. Was haben wir nicht alles an zu viel?

Gehe in deinen Keller und sortiere aus, was alles nicht mehr zu dir gehört, und stelle dabei fest, dass es wirklich viele Dinge gibt, die du eigentlich nicht brauchst. Wir stellen auch oft Ansprüche an Menschen, die diese gar nicht erfüllen können oder wollen. Das bringt Stress und Ärger. Wenn du deine Ansprüche zügelst, dann kannst du auch nicht enttäuscht werden. Je weniger Ansprüche du hast, umso glücklicher wird dein Leben verlaufen.

Entscheide dich jetzt (Epiktet)

Was schiebst du auf die Wartebank? Dein Glück, dein Leben? Worauf wartest du? Was hast du jetzt wichtiges zu entscheiden? Und warum kannst du dich nicht entscheiden? Das Leben wartet nicht, es fließt vorüber.

Peter Krüger: MUSE 435

Bist du gefangen in deiner Untätigkeit? Wir Menschen entscheiden nicht gerne, weil wir Angst haben, Fehlscheidungen zu treffen. Aber manchmal muss man auch ein Risiko eingehen, einen Umweg gehen, um zu einer richtigen Entscheidung zu kommen. Denn wie können wir wissen, ob wir die richtige Entscheidung getroffen haben, wenn wir nicht auch die falsche kennen? Jetzt ist es wichtig, überhaupt eine Entscheidung zu treffen. Entscheide dich jetzt, heißt, heraus zu kommen aus Lethargie, Unentschlossenheit, Ängsten, Depressionen, eigenen Unfähigkeiten und den Mut zu haben, das Leben zu bewältigen. Was steht für dich an, dich jetzt zu entscheiden? Vielleicht nur der Mut ja zu sagen, ja zum Schicksal? Ja zum Leben. Nicht morgen, sondern heute findet das Leben statt. Morgen kann es schon vorbei sein. Was schiebst du vor dich hin? Das Glück? Glaubst du, das Glück kommt morgen, wenn du dich genügend anstrengst? Nein, das Glück ist jetzt, im Moment, wenn du dich dafür entscheidest. Also, entscheide dich jetzt für dein Glück.

Der ist im Irrtum, der lieber eine Wohltat empfängt, als erweist (Marc Aurel)

Wir möchten geliebt werden, wir brauchen Annerkennung, wir möchten beschenkt werden, jedoch bleibt das Gefühl dabei oft leer. Geben ist mehr als Nehmen, heißt ein altes Sprichwort. Wenn ich geizig bin, wird sich mir die Schönheit des Lebens nie zeigen können. Ich habe damit die Eintrittskarte zum Leben verpasst. Wer aber gibt, ohne zu erwarten, oder ohne berechnend zu sein, der wird beschenkt, vielleicht aus einer Ebene, mit der man überhaupt nicht rechnet. Wer festhält und nach Sicherheit strebt, wird alles verlieren oder gar krank werden.

Geben bedeutet im Energiefluss zu stehen, zu teilen, einem Menschen eine Freude zu machen. Wenn ich nichts bekomme, so sollte ich mich fragen, wie viel ich eigentlich gebe. Gebe ich überhaupt irgendetwas, das kann sein ein Lob, ein Kompliment, ein Geschenk, ein Freundschaftsdienst, eine Aufmerksamkeit, oder gar ein Lächeln. Hast du heute schon jemanden angelächelt? In Thailand lächeln die Menschen ständig. Sie geben ihre Schönheit und bekommen ein Lächeln zurück. Erweise anderen eine Wohltat, und du wirst sehen, wie sich dein Leben positiv verändern wird.

Die Rede eines Menschen, entspricht seinem Leben (Marc Aurel)

Was denke ich über mich, wie rede ich über mich? Die meisten Menschen klagen über ihre Krankheiten, darüber, dass sie nicht genügend Geld haben, dass sie Sorgen haben usw. Sie reden negativ über sich, weil sie von dem Anderen bedauert werden wollen. Sie brauchen Mitleid. Sie machen sich selbst zum Opfer. Zum Opfer der Umstände, sie opfern sich auf für Anderen, obwohl das keiner von ihnen verlangt, nur um wieder in ihrem selbstauferlegtem Leid zu bleiben. Wenn ich aber positiv von mir spreche, dann sieht es so aus, als wenn ich angebe oder prahle, deswegen machen wir uns lieber klein und unscheinbar. Habe ich aber eine positive Einstellung zu mir und zu meinem Leben und drücke dieses auch aus, so wird auch Positives auf mich zurückkommen.

Beobachte, wie du über dich selbst sprichst. Betrachtest

du dich als Opfer? Brauchst du Mitleid, oder sprichst du von dir in positiver Form, so dass du auch positive Energie um dich verbreitest. Niemand ist gerne auf Dauer mit jemandem zusammen, der ständig vor sich hinjammert und an seinen Umständen nichts ändern will.

Ein Slave bist du, wenn du zu denken nicht verstehst. (Marc Aurel)

Was heißt denn Denken überhaupt? Wenn wir denken, denken wir dann überhaupt, dass wir denken? Wir denken eigentlich weniger darüber nach. Das meiste, was wir denken, sind Alltagsgedanken, wie z.b. was koche ich morgen, wo verbringe ich meinen Urlaub, was mache ich heute Abend.
Ich kann auch nachdenken, z.b. über die Vergangenheit, oder träumen in die Zukunft.
Aber, was ist Denken? Was zeichnet die großen Denker aus? Selbstreflektion, in Frage stellen?
„Denken bedeutet das innerliche, aktive Schalten und Walten mit den eigenen Vorstellungen, Begriffen, Gefühls- und Willensregungen, Erinnerungen, Erwartungen usw. mit dem Ziele, eine zur Meisterung der Situation brauchbare Direktive zu gewinnen."
Denken hat etwas mit Erkenntnis zu tun.
Wenn ich mich nur von meinen Gefühlen beherrschen lasse, kann ich mich ganz schön irren und auch Gefahr laufen, Fehlentscheidungen zu treffen. Deswegen meint Marc Aurel, lass dich nicht versklaven von deinen Gefühlen, sondern fange an, die Situation mit klarem Verstand zu betrachten. Mach dich nicht abhängig von deinem Gedankenkarussell, sondern treffe rationale Entscheidungen, die jetzt notwendig sind.

Der Fehler des anderen muss man auf sich beruhen lassen (Marc Aurel)

Jeder Mensch macht im Leben Fehler, bewusst oder auch unbewusst.

Aus den eigenen Fehlern kann man lernen, oder die gleichen Fehler immer wieder begehen. Das wäre allerdings sehr dumm. Wenn der Andere jedoch Fehler macht, so sagt Marc Aurel, soll man sich nicht darum kümmern. Warum? Wenn ich den Anderen auf seinen Fehler aufmerksam mache, dann fühlt dieser sich schlecht, und ich nehme ihm seinen Lernprozess vorweg. Oder aber, ich erzeuge damit Aggressionen, denn wer wird schon gerne auf seine Fehler aufmerksam gemacht. Ich handle mir weniger Ärger ein, wenn ich den Anderen nicht auf seine Fehler aufmerksam mache. Wenn ich ein Kind ständig auf seine Fehler aufmerksam mache, so bin ich eine schlechte Pädagogin. Stärke ich aber das Kind in seinem Selbstbewusstsein, indem ich es lobe und ihm sage, was es alles Gutes gemacht hat, so wird das Kind von selbst irgendwann einsichtig und lernt aus seinen eigenen Fehlern.

Und wenn ich schon den Anderen auf einen Fehler, den er gemacht hat, aufmerksam machen muss, so sollte ich das mit äußerster Vorsicht angehen, denn die Gefahr, dass ich den Anderen verletzte und er wütend reagiert, ist sehr groß.

Sei kein Sklave deiner Leidenschaften (David Hume)

Leidenschaften sind Leiden, die Leiden schaffen.
Was sind Deine Leidenschaften? Fernsehen, rauchen, Al-

kohol, die Liebe, kreatives Arbeiten, lesen, essen, telefonieren oder konsumieren?

Alle Leidenschaften sind an sich nicht tragisch, sie werden nur tragisch, wenn du abhängig davon wirst.

Wenn ein Mensch in die Spielbank geht und spielt, ist das nicht tragisch, wenn er aber nicht mehr aufhören kann und sein Hab und Gut verspielt, ist es tragisch.

Sei kein Sklave bedeutet: mach dich nicht abhängig. Im alten Griechenland gehörte es zum guten Ton, sich einen Sklaven zu halten. Heute werden die Menschen für ihre Arbeit bezahlt und dennoch versklaven sie sich selbst.

Wer sich freiwillig einem andern Menschen unterordnet, vielleicht aus Liebe, der ist Sklave seiner Leidenschaften. Wer freiwillig zu viel arbeitet und dabei nicht mehr an seine Gesundheit denkt, ist auch Sklave seiner Leidenschaft.

Finde heraus, was deine Leidenschaften sind und wie weit du frei damit umgehen kannst.

Seine Phantasie in Zügeln halten (Schopenhauer)

Ja, die liebe Phantasie, was die alles mit uns macht! Da ist der eifersüchtige Ehemann, der in seiner Phantasie seine Frau in flagranti ertappt, obwohl diese keinen Gedanken an einen anderen Mann verschwendet, aber welches Drama kann sich dahinter verstecken.

Da gibt es die vielen Ängste, die sich in unserer Phantasie ausbreiten. Da wird ein armer Schatten zu einem Monster. Da bewegen wir uns nicht mehr vor die Türe, weil in der Phantasie möglicherweise ein Drachen uns töten könnte. Da phantasiert der Mensch vor sich hin, und die Realität ist eine ganz andere. Deswegen zügle deine Phantasie und überprüfe die Realität. Stimmt das wirklich, was du dir da einbildest?

Komm auf den Boden der Tatsachen. Phantasie ist im kreativen Bereich sicherlich gefragt, aber es darf nicht pathologisch werden. Leider driftet die Phantasie schnell in den pathologischen Bereich. Wer geht nicht dreimal zurück, um zu schauen, ob der Herd wirklich aus ist. Die Phantasie gaukelt einem immer wieder vor, es nicht getan zu haben. Überprüfe einmal und sage dir laut vor, der Herd ist aus.

Phantasiere nicht lange herum, überprüfe die Realität.

Der Mensch ist verdammt zur Freiheit (Sartre)

Jeder Mensch denkt, er sei frei. Aber sind wir wirklich frei? Und warum verdammt zur Freiheit?

Verdammt zur Freiheit bedeutet, ich kann nichts abschieben auf irgendeinen Gott, oder eine andere Allmacht. Verdammt zur Freiheit bedeutet, Eigenverantwortlichkeit. Ich, der Mensch habe die Freiheit, Dinge zu tun, oder zu lassen, aber nur ich, der Mensch, bin dafür verantwortlich, nicht Gott. Es ist viel einfacher, Gott für alles verantwortlich zu machen, oder zu sagen, es ist Gottes Wille das ich in diesem oder jenem Schicksal hängen geb ieben bin. Wer ist wirklich frei? Was bedeutet es für dich, in Freiheit zu leben?

Die Liebe ist der Blick in die Seele (Simone Weil)

Was ist Liebe? Wir gehen meistens von einer falschen Annahme aus, was wirklich Liebe ist. Liebe ist ein Zustand und nicht von einem Menschen abhängig. Zuerst einmal muss ich bereit sein, mich selbst zu lieben, denn wenn ich mich selbst nicht lieben kann, wie soll ich dann andere lieben? Diese Liebe zu mir selbst ist verbunden mit der Liebe zu meinem göttlichen Anteil. Jeder hat diesen göttlichen Anteil, der uns alle verbindet. Wenn ich jemanden hasse, dann hasse ich auch mich, dann hasse ich auch meinen göttlichen Anteil. Liebe wird oft verwechselt mit Erotik, oder Sexualität.

Was ist Seele? Mein göttlicher Anteil? Ist es nur möglich, mit Liebe oder durch die Liebe Kontakt herzustellen oder den Blick in die Seele zu werfen?

Der Schlüssel zur Liebe ist die allumfassende Liebe. Wenn ich mich liebe, dann liebe ich auch die Menschen, die Natur, den Kosmos und ich werde geliebt. Doch wollen wir mehr geliebt werden, als selbst zu lieben. Liebe aus egoistischer Liebe ist keine Liebe, es hat zu tun mit besitzen wollen, oder haben wollen. Liebe ist ein Geschenk, und Geschenke bekommt man selten. Liebe lässt sich nicht erzwingen, Liebe kann ich nur leben.

Bibliographie:

Jaap Mansfeld: Die Vorsokratiker 1, Reclam Stuttgart 1983

Schischkoff: Philosophisches Wörterbuch, Stuttgart, 1978

Schopenhauer: Aphorismen zur Lebensweisheit, Frankfurt 1976

Marc Aurel: Zu dir selbst, Regensburg 1990

Annegret Stopczyk: Sophias Leib, Heidelberg 1998

Peter Krüger: MUSE 499

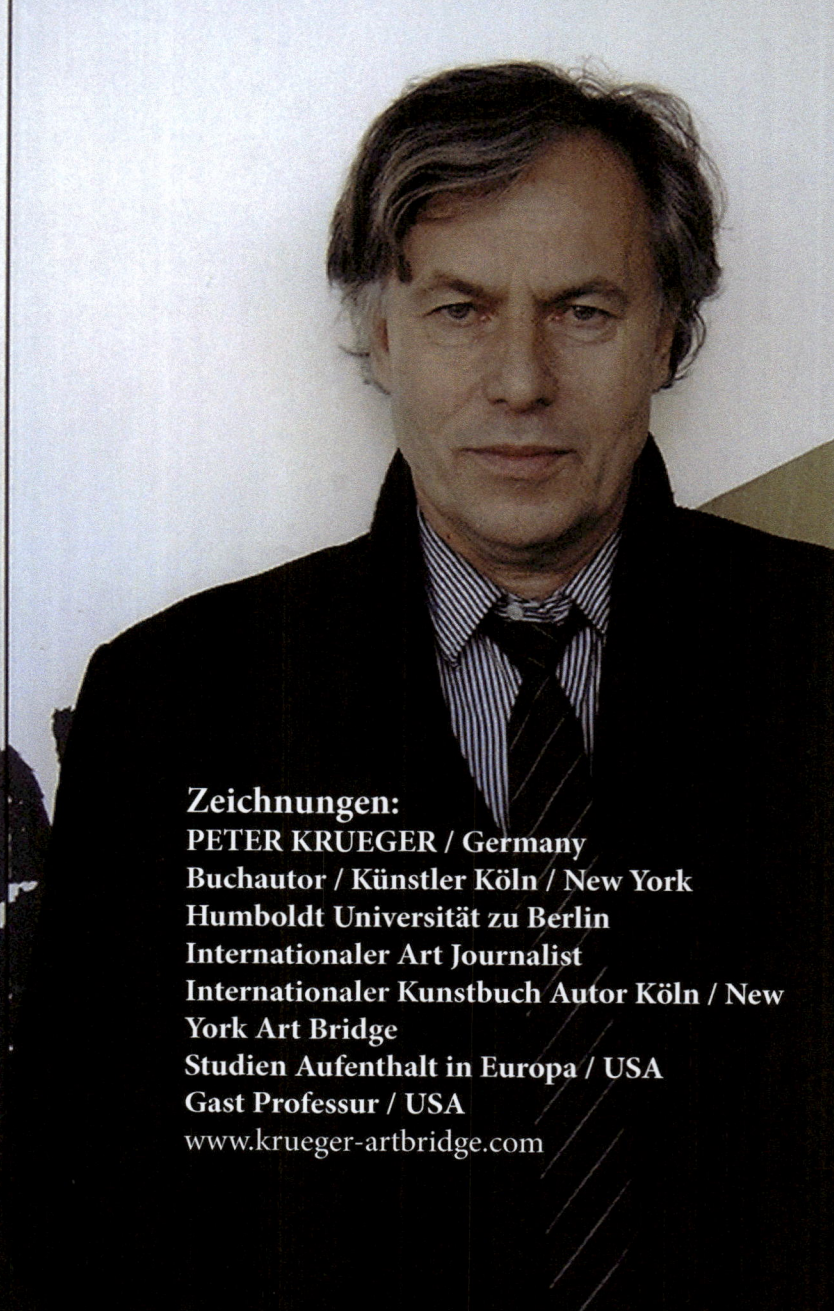

Zeichnungen:
PETER KRUEGER / Germany
Buchautor / Künstler Köln / New York
Humboldt Universität zu Berlin
Internationaler Art Journalist
Internationaler Kunstbuch Autor Köln / New
York Art Bridge
Studien Aufenthalt in Europa / USA
Gast Professur / USA
www.krueger-artbridge.com

AUTORIN:
GRETA HESSEL PHIL. M.A.

Universität Hannover, Germany
Internationales Model, Europa / USA
Publizistin und Kunstbuch-Autorin Baden-Baden /
Germany
Internationale Pressejournalistin Baden-Baden /
Europa / USA

www.greta-hessel.de,   www.philo-praxis.de
greta-hessel@t-online.de

Autorenbiographie: Greta Hessel Phil. M.A.

Selbstfindung und Persönlichkeitsentwicklung steht im Vordergrund der Autorin und Seminarleiterin, Philosophin, Publizistin, Dozentin und Heilpraktikerin für Psychotherapie mit Praxis in Baden-Baden.
Die Kurse finden in Baden-Baden statt. Dabei spielt die Natur eine große Rolle. Selbstheilungskräfte werden aktiviert und gespeichertes Wissen freigesetzt.
Der Mensch findet durch die Natur zu sich selbst. Sie begleitet Menschen, die ihre persönlichen Potenziale und Ressourcen entdecken und umsetzen möchten. Die Menschen werden durch aktives Handeln dazu angeregt, festgefahrene Muster loszulassen.

Weitere Infos zu den Seminaren finden Sie unter: www.naturheilverein-baden.de, www.akademie-für-naturtherapie.de, www.philo-praxis.com

Glücki, ein glückliches Kind lebt im Glücksland. Wie schön, wäre es, wenn alle Kinder glücklich wären und dort leben könnten. Doch leider gibt es auch viele unglückliche Kinder, die im Unglücksland leben und traurig sind. So begeben sie sich auf die Suche und treffen eines Tages im Wald Nejana, die Glücksfee. Sie lebt in der Zwischenwelt, das ist die Welt zwischen dem Glücksland und dem Unglücksland. Sie hat 7 geheimen Botschaften vom Rat der Weisen aus dem Glücksland erhalten. Allerdings wurden die Rollen von den Tieren ausder Unglückswelt entwendet und versteckt. Um nun an die Glücksrollen zu kommen, müssen die Unglückskinder große Hindernisse überwinden und den Kampf mit der negativen Tieren aufnehmen.

Ein spannender Roman mit Anleitungen und Übungen zum glücklichen Leben.

Greta Hessel,
Autorin des Buches „Waldbaden-Shinrin Yoku" zeigt hier auf, wie wichtig es auch für Kinder ist, Achtsamkeit zu lernen und sich in der Natur aufzuhalten, um entspanat und glücklich zu werden.

ISBN: 9783749432622

Greta Hessel Phil. M.A. / Dragi Lycka

Waldbaden - Shinrin Yoku
Glücks Camp für Kinder

Mit wertvollen Tipps

Glücki und das
Geheimnis der Glücksrollen

Die Original-Musen-Zeichnungen können bestellt werden unter
greta.hessel@t-online.de

Seite 23 Nr. 675
Seite 31 Nr. 501
Seite 37 Nr. 463
Seite 43 Nr. 075
Seite 49 Nr. 173
Seite 57 Nr. 831
Seite 65 Nr. 137
Seite 73 Nr. 879
Seite 81 Nr. 215
Seite 89 Nr. 435
Seite 97 Nr. 499

Haftungsausschluss:

Vorsorglich verweise ich darauf, dass die von mir abgegebenen Informationen in diesem Buch aus einer verantwortungsvollen Literaturrecherche resultieren und dem neuesten wissenschaftlichen Stand der Forschung entsprechen.

Alle Angaben sind sorgfältig überprüft worden. Verlag, Herausgeber und Autorin übernehmen aber keinerlei Haftung für etwaige Personen-, Sach-oder Vermögensschäden, die aus der vorgestellten praktischen Anwendung entstehen. Da weder Verlag, Herausgeber noch Autorin einen Einfluss auf Inhalte ggfs. zitierte Webseiten besitzen, distanzieren sie sich ausdrücklich gemäß LG Hamburg, Az 312 O 85 /98 von den entsprechenden Inhalten und betonen, sich deren Aussage nicht zu eigen zu machen.

Alle Angaben in diesem Buch wurden nach bestem Wissen erstellt.

Es wurde nicht geschrieben, um Rezepte zu vermitteln oder als Ersatz für medikamentöse Behandlungen zu dienen. Die Angaben erfolgen ohne Verpflichtung oder Garantie der Autorin. Sie übernimmt keine Verantwortung und Haftung für etwa vorhandene Unklarheiten und inhaltliche Unrichtigkeiten. Die gegebenen Hinweise und Empfehlungen zur Selbsthilfe können bei schweren Erkrankungen den Arzt oder Heilpraktiker nicht ersetzen. Es empfiehlt sich deshalb immer, eine zusätzliche medizinische Diagnose vom Behandler einzuholen und sich von diesem therapeutisch begleiten und behandeln zu lassen.

Baden-Baden den 2.9.2019
Greta Hessel Phil. M.A.